Endlich raus & gemeinsam genießen!

Liebe Leser*innen,

„endlich raus“ – ich lese und höre diese zwei kleinen Worte derzeit überall um mich herum. Viel Zeit zum Kochen bleibt da nicht. Und deswegen haben wir für eine entspannte Outdoor-Saison mit guten Ideen vorgesorgt!

Wir servieren herrliche One-Blech-Gerichte (ab Seite 50) wie Foccaccia-Pizza oder Hackbällchen „Toskana“, die im Mixtopf rasch vorbereitet sind und im Ofen fertiggebacken werden – anschließend können sich alle bequem daran bedienen. Zum Nachtisch gibt's cremige Löffeldesserts mit dem Geschmack von Käsekuchen, „Solero“oder Schoko-Banane. Ich bin der Mascarpone-Kaffee-Creme von Seite 58 bereits verfallen …
Vor allem aber freuen wir uns jetzt auf die geselligen Grillabende mit Familie und Freunden. Und weil alle etwas anderes mögen, findet ihr in dieser Ausgabe von **monsieur cuisine by ZauberMix** gleich zwölf neue Highligts vom Mini-Naan über aromatische Grillsoßen und pikante Dips bis zu frischen Salaten. Angestoßen wird mit selbst gemachter Limo aus Himbeer-Rhabarber-Sirup.

Auf den beginnenden Sommer und viel Spaß beim Mixen und Genießen!

Vivien Koitka, Chefredakteurin

EURE MEINUNG IST GEFRAGT!

Es wird Zeit, dass ihr uns euer Feedback mitteilt! Daher rufen wir zur Umfrage auf. Wir freuen uns sehr, wenn ihr teilnehmt: **www.zaubermix.de/umfrage2023**

Fotos: Kathrin Knoll (1) | Titelfotos: StockFood / StockFood Studios / Neubauer, Mathias (1); Kathrin Knoll (2)

INHALT

LET'S MIX!

SPECIAL MIX

MIX IT UP!

SERVICE

Fotos: siehe Rezeptseiten

monsieur cuisine by ZauberMix

REZEPTE DIESER AUSGABE

HERZHAFTES

SÜSSES

REZEPTE MIT DIESEM SYMBOL FINDET IHR ALS **GUIDED COOKING** REZEPTE AUF EUREM MONSIEUR CUISINE CONNECT UND SMART!

S. 31 Erdbeermilch

S. 31 „Yogurette"-Eis

S. 32 Erdbeerplunder

S. 33 Erdbeer-Kokos-Tiramisu

S. 54 French Toast XXL

S. 58 Mascarpone-Kaffee-Creme

S. 59 „Solero" zum Löffeln

S. 60 Käsekuchencreme mit Himbeeren

S. 61 Schoko-Banane zum Löffeln

S. 68 Mango-Mojito

S. 76 Erdbeer-Himbeer-Trinkjoghurt

S. 76 Melonen-Smoothie

S. 76 Mango-Buttermilch

S. 76 Ananas-Orangen-Smoothie

S. 94 Bienenstich

BASISREZEPTE

S. 23 Zucchinipesto

S. 23 Gemüsepesto

S. 23 Gelbes Tomatenpesto

S. 85 Béchamelsoße

S. 86 Fruchtige Tomatensoße

S. 87 Sahnesoße

S. 88 Käsesoße

S. 89 Cremige Tomatensoße

S. 105 Mango-Curry-Grillsoße

S. 105 Grillpaprikasoße

S. 110 Limonadensirup „Himbeer-Rhabarber"

SERVICE

Unsere Symbole und Angaben für Rezepte und Ernährung

- ANBRATEN
- DAMPFGAREN
- LINKSLAUF
- MIXTOPF
- SPATEL
- TEIGMODUS

- VEGETARISCH
- VEGAN
- LAKTOSEFREI
- GLUTENFREI
- KALORIENARM Hauptgerichte < 500 kcal, Suppen/Vorspeisen < 350 kcal, süße Rezepte < 150 kcal, jeweils pro Portion
- LOW CARB — KOHLENHYDRATARM < 25 % der Kilokalorien entstehen durch Kohlenhydrate
- LOW FAT — FETTARM < 20 % der Kilokalorien entstehen durch Fett

- WISSENSWERTES
- TURBO-TIPPS

KCAL	KILOKALORIEN
G E	GRAMM EIWEISS
G F	GRAMM FETT
G KH	GRAMM KOHLENHYDRATE

- AiO — Zubereitung in Mixtopf, Kocheinsatz und Dampfgaraufsatz
- ONE POT — Zubereitung nur im Mixtopf
- FIX — Zubereitung in max. 30 Minuten
- EASY — Schnell, unkompliziert, mit einfachen Zutaten
- GESCHENK IDEE — Länger haltbar, gut zum Verpacken und Verschenken

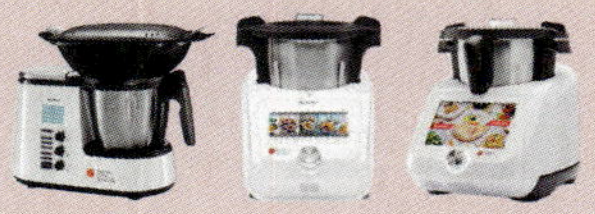

REZEPTE FÜR ALLE MODELLE
Die Rezepte dieses Magazins sind für die Modelle Smart, Connect, Trend und Plus entwickelt.

BEQUEM KOCHEN MIT DER ZAUBERMIX-APP
Alle Rezepte der neuen Ausgabe findet ihr immer sofort im praktischen Kochmodus zum einfachen Nachkochen im Monsieur Cuisine unter **www.zaubermix.de**

ZUCCHINIZEIT

Das frische Marktgemüse hält Einzug in unsere italienischen Lieblingsgerichte. So gibt's Risotto, Carbonara, Lasagne, Bruschetta oder Pizza jetzt mit Zucchini!

Rezepte: Elisa Schilling

Elisa Rezeptentwicklerin

ZAUBERHAFT VIELSEITIG

Ein Gemüse, so viele Möglichkeiten! Mein Tipp für Zucchini-Neulinge: Probiert für unsere Rezepte auch gelbe Exemplare, sie sind noch milder und dünnschaliger als grüne.

DER KLASSIKER MIT TOLLEM TOPPING

Spaghetti mit Zucchini-Carbonara
Rezept auf Seite 14

Fotos: shutterstock/Cristian Teichner (1); Archiv (1); www.stockfood.de/Ewgenija Schall (1) | Illustration: Adobe Stock/cawisstudio (1)

Bruschetta mit Zucchini

00 30 std : min

LOW CARB LOW FAT

PRO PORTION: 387 KCAL | 15 G E | 19 G F | 41 G KH

ZZGL. 10 MIN. RUHEZEIT

ZUTATEN FÜR 4 PERSONEN

- **2 Zucchini, davon ½ in Stücken**
- **Salz**
- **1 Knoblauchzehe**
- **Blättchen von 4 Stielen Petersilie zzgl. etwas mehr zum Garnieren**
- **250 g Ricotta**
- **1 Baguette, längs und quer halbiert**
- **5 EL natives Olivenöl extra**
- **frisch gemahlener schwarzer Pfeffer**
- **1 Spritzer Zitronensaft**

1 ½ Zucchini in Stücken mit ¼ TL Salz in den geben und **5 Sek. | Stufe 5** zerkleinern. In den Kocheinsatz umfüllen und 10 Min. abtropfen lassen. Den Backofen auf 200 °C Umluft vorheizen.

2 Knoblauch und Petersilie in den geben, **5 Sek | Stufe 8** zerkleinern und mit dem nach unten schieben. Zerkleinerte Zucchini ausdrücken und in den geben. Ricotta hinzufügen und die Zucchinimasse **20 Sek. | | Stufe 3** vermengen.

3 Die Baguettestücke im heißen Ofen ca. 7 Min. anrösten. Inzwischen in einer Schüssel Olivenöl mit je 2 Prisen Salz und Pfeffer sowie Zitronensaft verrühren. Die übrigen Zucchini mit einem Gemüseschäler längs in breite Streifen schneiden. Baguettestücke aus dem Ofen nehmen, mit Ricottacreme bestreichen und Zucchinistreifen darauf verteilen. Mit Würzöl beträufeln, mit Petersilie garnieren und servieren.

>TIPP Das Salz entzieht der Zucchini im ersten Schritt Wasser. Dadurch wird die Ricottacreme später nicht zu flüssig und bleibt schön cremig.

Fotos: www.stockfood.de/PhotoCuisine/Kerouédan (1)/Maria Squires (1)

DIE PESTO-VARIANTE

Anstelle der typischen Tomatensoße bestreichen wir diese leichte Pizza mit selbst gemixtem Zucchini-Kräuter-Pesto. Gelbe Tomatenscheiben verleihen dem Gericht zusätzlich reichlich Aroma. Kurz vor dem Servieren sorgen hauchdünne Zucchinistreifen sowie ein paar Kapern für ein Finish wie im Lieblingsrestaurant. Herrlich!

Zucchini-Pizza
Rezept auf Seite 14

GEMÜSEGARTEN
AUF DEM TELLER

Schnelle Zucchini-Lasagne

00 45 std : min

LOW CARB LOW FAT

PRO PORTION: 322 KCAL | 14 G E | 16 G F | 32 G KH

ZUTATEN FÜR 4 PERSONEN

- ★ **100 g Parmesan, in Stücken**
- ★ **2 Knoblauchzehen**
- ★ **2 Zwiebeln, halbiert**
- ★ **3 EL natives Olivenöl extra**
- ★ **250 g Zartweizen (z. B. „Sonnenweizen" von Ebly)**
- ★ **3 EL Tomatenmark**
- ★ **400 g stückige Tomaten (Dose)**
- ★ **300 g Wasser**
- ★ **1 TL Salz**
- ★ **2 Prisen frisch gemahlener schwarzer Pfeffer**
- ★ **2 TL getrocknete italienische Kräuter**
- ★ **2 Zucchini, in dünnen Streifen**
- ★ **1 EL Sonnenblumenkerne**
- ★ **Basilikum zum Garnieren**

AUSSERDEM

- ★ **Auflaufform (ca. 30×20 cm)**

1 Parmesan in den Mixtopf geben, **12 Sek.** | **Stufe 10** zerkleinern und umfüllen.

2 Knoblauch und Zwiebeln in den Mixtopf geben, **5 Sek.** | **Stufe 7** zerkleinern und mit dem Spatel nach unten schieben. Öl hinzufügen und beides **2 Min.** | **Stufe 1** | **120 °C** andünsten. Zartweizen und Tomatenmark dazugeben und alles **3 Min.** | Linkslauf | **Stufe 1** | **120 °C** dünsten.

3 Stückige Tomaten, Wasser, Gewürze sowie Kräuter zufügen und alles **15 Min.** | Linkslauf | **Stufe 2** | **100 °C** kochen. Inzwischen den Backofen auf 200 °C Ober-/Unterhitze vorheizen.

4 Zucchini abwechselnd mit der Tomatensoße in die Auflaufform schichten, mit Parmesan und Sonnenblumenkernen bestreuen. Lasagne im heißen Ofen ca. 25 Min. backen. Herausnehmen, mit Basilikum garnieren und servieren.

PERFEKTER PASTA-ERSATZ

Zucchini behält auch im gegarten Zustand einen angenehmen Biss. Daher eignet sie sich wunderbar als Nudelplatten-Alternative. Statt langer Streifen könnt ihr auch Zucchinischeiben hobeln und sie abwechselnd mit der Soße in die Form schichten.

Zucchini-Risotto

00 40 std : min

LOW CARB LOW FAT

PRO PORTION: 532 KCAL | 17 G E | 25 G F | 59 G KH

ZUTATEN FÜR 4 PERSONEN

- ★ **100 g Parmesan, in Stücken**
- ★ **1 Knoblauchzehe**
- ★ **1 Zwiebel, halbiert**
- ★ **50 g Butter, in Stücken**
- ★ **1 kleine Zucchini, in Stücken**
- ★ **250 g Risottoreis**
- ★ **150 g Weißwein**
- ★ **700 g Wasser**
- ★ **2 TL Gemüse-Gewürzpaste**
- ★ **75 g Gorgonzola, in Stücken**
- ★ **2 Prisen frisch gemahlener schwarzer Pfeffer**
- ★ **Blättchen von 4 Stielen Basilikum**
- ★ **2 Frühlingszwiebeln, in Ringen zum Garnieren**

1 Parmesan in den Mixtopf geben, **12 Sek.** | **Stufe 10** zerkleinern und umfüllen.

2 Knoblauch und Zwiebel in den Mixtopf geben und **5 Sek.** | **Stufe 7** zerkleinern. Mit dem Spatel nach unten schieben. Butter zufügen, beides **3 Min.** | **Stufe 1** | **120 °C** darin andünsten. Zucchini zugeben und **5 Sek.** | **Stufe 5** zerkleinern. Reis zufügen und **3 Min.** | Linkslauf | **Stufe 1** | **120 °C** andünsten. Wein dazugießen und ohne Messbecher **1 Min.** | Linkslauf | **Stufe 2** | **100 °C** ablöschen.

3 Wasser mit Gewürzpaste dazugeben, alles ohne Messbecher **18 Min.** | Linkslauf | **Stufe 1** | **100 °C** garen, dabei den Kocheinsatz als Spritzschutz aufsetzen. Gorgonzola und Pfeffer hinzufügen und **2 Min.** | Linkslauf | **Stufe 2** | **100 °C** unterrühren. Parmesan und Basilikum mit dem Spatel unterrühren. Risotto auf Teller verteilen und mit Frühlingszwiebeln garniert servieren.

BOLOGNESE IM LAGENLOOK

GÜNSTIG & BEQUEM

Anstelle von Hackfleisch verarbeiten wir hier kurzerhand eine Portion Zartweizen. Das Getreide wird wie Risottoreis in Öl angedünstet und dann in Brühe – oder wie für unsere Lasagne – in Tomatensoße gegart. Der Monsieur übernimmt dabei das beständige Rühren im Linkslauf, sodass nichts anbrennt. Diese vegetarische „Bolognese" könnt ihr jederzeit aus Vorräten herstellen!

Spaghetti mit Zucchini-Carbonara

00 35 std : min

LOW CARB LOW FAT

PRO PORTION: 663 KCAL | 31 G E | 25 G F | 81 G KH

ZUTATEN FÜR 4 PERSONEN

- ★ **Salz**
- ★ **400 g Spaghetti**
- ★ **100 g Parmesan, in Stücken**
- ★ **1 Zwiebel, halbiert**
- ★ **Blättchen von 4 Stielen Petersilie zzgl. etwas mehr zum Garnieren**
- ★ **2 Zucchini, in Stücken**
- ★ **2 EL natives Olivenöl extra**
- ★ **80 g Pancetta, in dünnen Scheiben**
- ★ **100 g Sahne**
- ★ **2 frische Eier**
- ★ **2 Prisen frisch gemahlener schwarzer Pfeffer**

1 | Reichlich Salzwasser in einem Topf auf dem Herd erhitzen und Spaghetti darin gemäß Packungsangabe bissfest garen. In dieser Zeit mit dem Rezept fortfahren.

2 | Den Parmesan in den geben, **12 Sek. | Stufe 10** zerkleinern und umfüllen. Zwiebel mit Petersilie in den geben, **5 Sek. | Stufe 8** zerkleinern und mit dem nach unten schieben. Zucchini und Öl hinzufügen und den Mix **5 Min.** | andünsten.

3 | Inzwischen Pancetta ohne Zugabe von Fett in einer beschichteten Pfanne knusprig braten und auf Küchenpapier abtropfen lassen.

4 | Spaghetti abgießen und tropfnass in den geben. 80 g zerkleinerten Parmesan, Sahne, Eier, ½ TL Salz sowie Pfeffer dazugeben und mit dem vermengen. Pasta auf Teller verteilen und mit Pancetta, Petersilie und übrigem Parmesan garniert servieren.

>TIPP Pancetta ist die italienische Variante des Bauchspecks vom Schwein. Ihr könnt ihn durch Speck, Parmaschinken oder Serrano ersetzen, aber auch durch Kochschinken oder sogar Salami.

Zucchini-Pizza

00 40 std : min

LOW CARB LOW FAT

PRO PORTION: 926 KCAL | 28 G E | 51 G F | 94 G KH

ZZGL. 1 STD. RUHEZEIT

ZUTATEN FÜR 4 PERSONEN

- ★ **250 g Wasser**
- ★ **15 g frische Hefe**
- ★ **1 Prise Zucker**
- ★ **400 g Weizenmehl Type 405 zzgl. etwas mehr zum Bearbeiten**
- ★ **80 g natives Olivenöl extra**
- ★ **Salz**
- ★ **50 g Parmesan**
- ★ **100 g gemischte Kerne, geröstet**
- ★ **1 Knoblauchzehe**
- ★ **2 Zucchini, davon ½ in Stücken**
- ★ **50 g Basilikum zzgl. etwas mehr zum Garnieren**
- ★ **etwas frisch gemahlener schwarzer Pfeffer**
- ★ **200 g Schmand**
- ★ **250 g gelbe Tomaten, in Scheiben**
- ★ **4 EL Kapern in Lake (Glas)**

1 | Wasser, Hefe sowie Zucker in den geben und **2 Min. | Stufe 2 | 37°C** erwärmen. Mehl, 20 g Öl und 1 TL Salz zufügen, alles **2 Min.** | kneten. Den Teig umfüllen und mit einem feuchten Tuch abgedeckt an einem warmen Ort 1 Std. ruhen lassen. Den spülen.

2 | Inzwischen für das Pesto den Parmesan, 70 g Kerne und Knoblauchzehe im **15 Sek. | Stufe 8** zerkleinern. Zucchinistücke, 60 g Olivenöl, Basilikum, ½ TL Salz und Pfeffer dazugeben, alle **20 Sek. | Stufe 8** zerkleinern.

3 | Backofen auf 200 °C Umluft vorheizen. Zwei Backbleche mit Backpapier belegen. Teig in 4 Portionen teilen, auf der leicht bemehlten Arbeitsfläche zu ovalen Fladen ausrollen. Je 2 Fladen auf die Bleche legen. In einer Schüssel den Schmand mit ½ TL Salz und 2 Prisen Pfeffer verrühren, auf die Fladen streichen. Die Fladen mit Tomatenscheiben belegen und in ca. 25 Min. goldbraun backen.

4 | Übrige Zucchini mit dem Gemüseschäler fein hobeln, auf die fertigen Pizzen geben. Mit restlichen Kernen und Kapern bestreuen. Pizzen mit Pesto und Basilikum garniert servieren.

Zucchini mit Bolognesefüllung

00 35 std : min

LOW CARB LOW FAT

PRO PORTION: 572 KCAL | 40 G E | 41 G F | 12 G KH

ZUTATEN FÜR 4 PERSONEN

- ★ **150 g Cheddar, in Stücken**
- ★ **1 Zwiebel, halbiert**
- ★ **2 Knoblauchzehen**
- ★ **4 EL natives Olivenöl extra**
- ★ **500 g Rinderhack**
- ★ **200 g stückige Tomaten (Dose)**
- ★ **Salz**
- ★ **frisch gemahlener schwarzer Pfeffer**
- ★ **¼ TL Chilipulver**
- ★ **4 Zucchini, längs halbiert und entkernt**
- ★ **150 g Joghurt**
- ★ **1 EL Zitronensaft**
- ★ **2 Frühlingszwiebeln, in Ringen**
- ★ **etwas Petersilie zum Garnieren**

1 | Cheddar in den geben, **7 Sek. | Stufe 8** zerkleinern und umfüllen.

2 | Zwiebel und Knoblauch in den geben und **5 Sek. | Stufe 7** zerkleinern. Mit dem nach unten schieben. 2 EL Öl hinzufügen und beides **2 Min. | Stufe 1 | 120°C** andünsten. Hackfleisch mit stückigen Tomaten dazugeben und **3 Min.** | andünsten. ½ TL Salz, 2 Prisen Pfeffer, Chilipulver und zwei Drittel vom Cheddar zufügen, alles **10 Sek.** | | **Stufe 3** verrühren.

3 | Den Backofen auf 220 °C Ober-/Unterhitze vorheizen, ein Blech mit Backpapier belegen. Zucchinihälften auf das Blech legen, mit der Bolognese füllen und mit restlichem Käse bestreuen. Im heißen Ofen 15–18 Min. überbacken.

4 | Inzwischen für den Dip Joghurt in einer Schüssel mit 2 EL Öl, Zitronensaft, ½ TL Salz und 2 Prisen Pfeffer verrühren. Zucchini aus dem Ofen nehmen. Mit Joghurtdip , Frühlingszwiebeln sowie Petersilie garnieren und servieren.

>TIPP Das Innere der Zucchini könnt ihr in Dips, Risottos, Pestos, Eintöpfen oder Suppen weiterverarbeiten. Ein Rezept für einen Dip findet ihr auf Seite 16, Pesto-Ideen links im Rezept „Zucchini-Pizza" oder auf Seite 23.

IN HÜLLE UND FÜLLE
GUTES GENIESSEN

EINFACH RAFFINIERT

Tomatige Bolognesesoße, getoppt mit würzigem Cheddar – dieses Comfort Food ist ruck, zuck und mit wenigen Zutaten vorbereitet. Jetzt noch kurz überbacken, und fertig ist das kreative Abendessen. Dank Zucchini ist es sogar low-carb!

RATGEBER

ZUCCHINI-CHECK

Welche versteckten Vorzüge sie so beliebt machen und wie ihr das Saisongemüse noch zubereiten könnt

WARUM SIND SIE SO GENIAL?

Wir lieben Zucchini, weil sie erschwinglich, leicht verfügbar und vielseitig sind. Außerdem sind sie kalorienarm, ballaststoffreich und somit sehr gesund. Ob grün, gelb, weiß, lang oder rund, alle Zucchini sind sich in Geschmack, Vitamin- und Nährstoffgehalt sowie Verarbeitungsmöglichkeiten sehr ähnlich. Einzig die gelben Exemplare sind etwas milder und dünnhäutiger. Und die kleinen runden eignen sich gut zum Füllen.

WAS KANN MAN AUS ZUCCHINI ALLES MACHEN?

Zucchini gilt als mildes Gemüse, kann aber sehr aromatisch sein, wenn sie entsprechend zubereitet wird. Ihr könnt sie grillen, braten, backen, dünsten oder roh essen. In Spiralen oder dünne Streifen gehobelt ersetzt sie sogar Pasta. Zudem kommt Zucchini als Beilage, in Suppen, Eintöpfen, Aufläufen, als Hülle für Grillgut oder Käse und in Salaten zum Einsatz.

GEWÜRZE, DIE ZU ZUCCHINI PASSEN

- ✓ **KLASSISCH** Salz, Pfeffer und Knoblauch
- ✓ **MEDITERRAN** Thymian, Oregano und Basilikum
- ✓ **KRÄFTIG** Majoran, Salbei, edelsüßes Paprikapulver und Rosmarin
- ✓ **EXOTISCH** Ingwer und Kurkuma

3 SPANNENDE FAKTEN

1. WUSSTET IHR'S?
ZUCCHINI SIND KÜRBISGEWÄCHSE, BOTANISCH GESEHEN ALSO FRÜCHTE!

2. SO BEQUEM
ESST DIE SCHALE IMMER MIT, IN IHR STECKEN JEDE MENGE KALZIUM UND VITAMIN A.

3. BACKZUTAT
WEIL SIE VIEL WASSER ENTHALTEN, KÖNNEN ZUCCHINI DAS FETT (Z. B. DIE BUTTER) BEIM BACKEN ERSETZEN.

FRISCHETIPPS

Kühl lagern: Im Gemüsefach des Kühlschranks halten sie bis zu einer Woche, bei Raumtemperatur wenige Tage. Außerhalb des Kühlschranks nicht neben Tomaten oder Äpfeln ablegen, da sie sonst schrumpeln.

Einfrieren: Rohe Zucchini in Scheiben oder Würfel schneiden, in ein Sieb geben und mit etwas Salz bestreuen, um ihnen Wasser zu entziehen. Wasser nach 5 Minuten abgießen. Die Zucchini sind so im Tiefkühlfach bis zu 12 Monate haltbar.

ZUCCHINI-JOGHURT-DIP

½ Zucchini in Stücken mit ½ TL Salz in den ⊔ geben, **5 Sek. | Stufe 5** zerkleinern. In den Kocheinsatz umfüllen und 10 Min. abtropfen lassen. 15 g gemischte Kräuter im ⊔ **5 Sek. | Stufe 8** hacken. Zucchini ausdrücken, mit 150 g Joghurt, 3 Prisen Pfeffer und 1 Spritzer Zitronensaft in den ⊔ geben und alles **10 Sek. | Stufe 3** verrühren.

Verarbeitung im Monsieur

ZERKLEINERN
500 G ZUCCHINI IN STÜCKEN
5 SEK. | STUFE 5.

DAMPFGAREN
500 G ZUCCHINI IN SCHEIBEN IM TIEFEN DAMPFGARAUFSATZ VERTEILEN.

MIT 1000 G WASSER UND 1 TL GEWÜRZPASTE IM ⊔ **12 MIN. |** DÄMPFEN.

ZERO WASTE

GUTE IDEEN FÜR KLEINE RESTE

Ihr habt eine Zucchini ausgehöhlt und etwas Fruchtfleisch übrig oder nur einen Teil einer Zucchini verbraucht? Verarbeitet die wertvolle Zutat im Monsieur weiter!

- ✓ zerkleinert und vermischt mit Gemüse, Reis, Fleisch oder Tofu als Füllung von Tomaten oder Paprika
- ✓ zerkleinert als Füllung für Omeletts, Tortillas oder Wraps
- ✓ als Suppen- oder Eintopfeinlage
- ✓ angebraten als Beilage oder Zutat einer Gemüsepfanne
- ✓ gemixt mit Kräutern, Gewürzen und Olivenöl als Soße oder Dressing
- ✓ als Basis von Smoothies, Aufläufen, Gemüsepuffern, Risottos oder Dips

Fotos: iStock/Getty Images Plus zefirchik06 (1), SherSor (1), sensationaldesign (1); DigitalVision Vectors/Judy Unger (1)

SO FRESH!
SALATE

Fürs Grillbüfett, als Beilage oder als erfrischender Zwischengang – wir zeigen, wie ihr das Gemüse der Saison in schnelle Salate verwandelt!

Gurkensalat mit Joghurtdressing

00 | 10 std : min

LOW CARB · LOW FAT

PRO PORTION: 132 KCAL | 3 G E | 9 G F | 8 G KH

ZUTATEN FÜR 4 PERSONEN

- **Spitzen von 8 Stielen Dill**
- **80 g Joghurt**
- **25 g heller Balsamicoessig**
- **3 Prisen Salz**
- **3 Prisen frisch gemahlener schwarzer Pfeffer**
- **2 Gurken, in feinen Scheiben**
- **200 g Radieschen, in feinen Scheiben**
- **3 Frühlingszwiebeln, in Ringen**

1 | Dillspitzen in den Mixtopf geben, **2 Sek. | Turbo** zerkleinern. Joghurt, Essig, Salz sowie Pfeffer hinzufügen und alles **10 Sek. | Stufe 4** vermengen.

2 | Die restlichen Zutaten in eine Salatschüssel geben, das Joghurtdressing unterheben und den Gurkensalat servieren.

>TIPP Mit dem Gemüsehobel „WunderSlicer®" sind Gurken und Radieschen in Sekunden in präzise Scheiben geschnitten. Das beliebte Zubehör findet ihr im mein ZauberTopf Shop für 89,95 Euro. Mehr dazu erfahrt ihr in unserem großen Test ab Seite 78.

Fotos: Archiv (1); Stockfood/The Picture Pantry (1) | Illustration: gettyimages/iStock/alexrockheart (1)

Schneller Couscoussalat

00 | 20
std : min

LOW CARB · LOW FAT

PRO PORTION: 602 KCAL | 19 G E | 25 G F | 80 G KH

ZUTATEN FÜR 6 PERSONEN

- **50 g Cashewkerne**
- **Blättchen von 10 Stielen Petersilie**
- **100 g natives Olivenöl extra**
- **Saft von 1 Zitrone**
- **1 EL flüssiger Honig**
- **1 TL gemahlener Kreuzkümmel**
- **½ TL Salz**
- **1 Prise frisch gemahlener schwarzer Pfeffer**
- **500 g Couscous**
- **1000 g kochendes Wasser**
- **1 TL Gemüse-Gewürzpaste**
- **150 g Zuckerschoten**
- **250 g Mini-Mozzarella, halbiert**
- **140 g Mais (Dose), abgetropft**
- **2 rote Paprikaschoten, in kleinen Würfeln**
- **4 Frühlingszwiebeln, in Ringen**

1 | Cashewkerne in den Mixtopf geben, **4 Sek.** | **Stufe 6** zerkleinern und umfüllen.

2 | Petersilie in den Mixtopf geben, **2 Sek.** | **Turbo** zerkleinern und mit dem Spatel nach unten schieben. Öl, Zitronensaft, Honig, Kreuzkümmel, Salz sowie Pfeffer hinzufügen und alles **10 Sek.** | Linkslauf | **Stufe 3** vermengen. Das Dressing in eine große Schüssel umfüllen.

3 | Couscous mit Wasser und Gewürzpaste in den Mixtopf geben, **10 Min.** | Linkslauf | **Stufe 1** | **80 °C** quellen lassen. Inzwischen Zuckerschoten in kochendem Wasser 2–3 Min. blanchieren, abgießen und schräg in Streifen schneiden.

4 | Couscous und übrige Zutaten in die Schüssel zum Dressing geben, alles vermengen. Salat mit Cashewnüssen bestreut servieren.

> **TIPP** Das Geniale an Couscous: Er gart in 10 Minuten, ist also genauso schnell fertig wie Pasta. Denkt beim Garen des Getreides an den Linkslauf, damit ihr es nicht weiter zerkleinert!

Brotsalat mit Zitronendressing

00 | 20 std : min

LOW CARB | LOW FAT

PRO PORTION: 489 KCAL | 8 G E | 31 G F | 48 G KH

ZUTATEN FÜR 4 PERSONEN

* **1 rote Zwiebel, halbiert**
* **2 Knoblauchzehen**
* **100 g natives Olivenöl extra**
* **40 g heller Balsamicoessig**
* **Saft von ½ Zitrone**
* **½ TL Salz**
* **4 Prisen frisch gemahlener schwarzer Pfeffer**
* **350 g Cocktailtomaten, halbiert**
* **je 1 gelbe und rote Paprikaschote, in Würfeln**
* **1 Gurke, längs halbiert, in Stücken**
* **60 g Kapern (Glas), abgetropft**
* **60 g schwarze Oliven (Glas), abgetropft, in Ringen**
* **1 Baguette, in ca. 1,5 cm großen Würfeln**
* **Kräuter zum Garnieren (z. B. Basilikum, Rosmarin)**

1 Zwiebel und Knoblauch in den geben und **5 Sek. | Stufe 7** zerkleinern. Mit dem nach unten schieben.

2 60 g Olivenöl, Essig, Zitronensaft, Salz sowie Pfeffer zufügen, alles **15 Sek. | | Stufe 3** vermengen. In eine große Schüssel umfüllen und mit Tomaten, Paprika, Gurke, Kapern sowie Oliven vermengen.

3 Übriges Öl in einer Pfanne erhitzen und die Brotwürfel darin rundherum knusprig anbraten. Brotwürfel zum Salat geben, gut untermengen. Salat mit Kräutern garniert servieren.

Fotos: Archiv (1); StockFood/Gräfe & Unzer Verlag/Katrin Winner (1)/Julia Hoersch (1)

Nudelsalat mit Wassermelone

00 20
std : min

LOW CARB LOW FAT

PRO PORTION: 731 KCAL | 21 G E | 26 G F | 105 G KH

ZUTATEN FÜR 4 PERSONEN

- **400 g Pasta (z.B. Castellane)**
- **Salz**
- **20 g Minzblättchen**
- **40 g Weißweinessig**
- **60 g natives Olivenöl extra**
- **1 EL Ahornsirup**
- **3 Prisen frisch gemahlener schwarzer Pfeffer**
- **800 g Wassermelone, in Würfeln**
- **2 Gurken, in Würfeln**
- **3 Frühlingszwiebeln, in Ringen**
- **150 g Feta, zerbröckelt**

1 Pasta in reichlich kochendem Salzwasser nach Packungsangabe bissfest garen. Abgießen, abschrecken und gut abtropfen lassen.

2 Die Hälfte der Minze in den geben, **2 Sek. | Turbo** zerkleinern und mit dem nach unten schieben. Restliche Minze in Streifen schneiden und beiseitestellen. Essig, Öl, Ahornsirup, ½ TL Salz sowie Pfeffer in den geben und alles **15 Sek. | Stufe 4** vermengen.

3 Pasta, Melone, Gurken und Frühlingszwiebeln in eine große Schüssel geben und mit dem Dressing vermengen. Mit dem Feta und übriger Minze bestreuen und servieren.

MINI-SERIE

Basics, die wir lieben

Nicole Online-Redakteurin

Frisches Gemüse gibt's bei uns immer. Ich liebe es, dass ich daraus im Monsieur schnell solche kleinen Aromawunder zubereiten kann, die sich auch toll als Mitbringsel eignen.

DIESES MAL: PESTO

Zucchinipesto

Für 3 Gläser à 150 ml: 100 g Parmesan in Stücken in den geben, **12 Sek. | Stufe 10** zerkleinern. 70 g Pinienkerne in einer Pfanne ohne Fett anrösten und abkühlen lassen. Pinienkerne, 200 g Zucchini in Stücken, 20 g Petersilienblättchen und 1 Knoblauchzehe im **25 Sek. | Stufe 7** zerkleinern und mit dem nach unten schieben. 150 g Olivenöl, 1 TL Salz und 3 Prisen Pfeffer hinzufügen und alles **30 Sek. | Stufe 5** vermischen. In die Gläser füllen und ca. 1 cm hoch mit Olivenöl bedecken.

>VERWENDUNG Das Pesto schmeckt klassisch zu Pasta und eignet sich auch als Alternative zur Sandwichcreme, als Salat- oder als Grillsoße.

Gemüsepesto

Für 3 Gläser à 150 ml: 100 g Cocktailtomaten, 100 g rote Paprikaschoten in Stücken, 100 g Sellerie in Stücken, 1 rote Chilischote in Stücken, Blättchen von 2 Stielen Thymian und 1 Knoblauchzehe in den geben, **10 Sek. | Stufe 10** zerkleinern. 50 g Mandeln zufügen, **10 Sek. | Stufe 8** zerkleinern. Mit dem nach unten schieben. 150 g Olivenöl, 1 TL Salz und 2 Prisen Pfeffer dazugeben und alles **40 Sek. | Stufe 5** vermischen. In die Gläser füllen, ca. 1 cm hoch mit Öl bedecken.

>VERWENDUNG Unser Gemüsepesto ist ein Alleskönner. Zum einen könnt ihr die Gemüsesorten darin nach Belieben tauschen und zum anderen schmeckt es zu Pasta, Fleisch und Brot.

Gelbes Tomatenpesto

Für 2 Gläser à 150 ml: 80 g Parmesan in Stücken, 50 g Mandeln und 1 Knoblauchzehe in den geben, **12 Sek. | Stufe 10** zerkleinern. 150 g gelbe Tomaten hinzufügen, **10 Sek. | Stufe 8** zerkleinern. Mit dem nach unten schieben. 100 g Olivenöl, 50 g Ricotta, 1 TL Salz und 2 Prisen Pfeffer dazugeben, **40 Sek. | Stufe 5** vermischen. In die Gläser füllen, ca. 1 cm hoch mit Olivenöl bedecken.

>VERWENDUNG Das Tomatenpesto schmeckt hervorragend zu Steaks, Frikadellen und allem Gegrilltem sowie zu knusprigem Baguette. Auch auf Faltenbrot gestrichen ist es eine köstliche Ergänzung. Oder ihr würzt damit Gemüse-Wraps!

>HALTBARKEIT
Die Pestos in sterile Gläser umfüllen, nur mit einem sauberen Löffel entnehmen und nach jeder Verwendung wieder mit Olivenöl bedecken. Alle drei Pestos halten im Kühlschrank gelagert bis zu vier Wochen.

4 IDEEN FÜR PESTO-RESTE

Kennt ihr das? Es ist noch ein kleiner Rest Pesto da – zu viel, um das Glas zu spülen, zu wenig für eine Portion Pasta? Hier sind unsere liebsten Verwendungstipps für kleine Pesto-Reste.

#1 DRESSING Gebt etwas Öl, Joghurt und Zitronensaft ins Glas und schüttelt. Ideal für Salate!
#2 DIP Vermischt 2 EL Pesto mit 200 g Schmand, anschließend salzen und pfeffern.
#3 PESTOBUTTER Verrührt 2 EL Pesto und 150 g zimmerwarme Butter.
#4 EISWÜRFEL Portioniert Pestoreste in Eiswürfelbehälter-Mulden und friert sie ein. Bei Bedarf könnt ihr sie an Soßen oder Suppen geben, um sie zu verfeinern.

Fotos: Anna Gieseler (2); www.stockfood.com/Avalos Flores, Maricruz (1)/Gräfe & Unzer Verlag/Kramp + Gölling (1)/Gräfe & Unzer Verlag/Coco Lang (1)

Saison ERLEBEN

Jetzt heißt es: Raus in die Natur! An den wärmeren Tagen im Mai geht's auf Radtour und natürlich auf die Terrasse

IN DER KÜCHE, IM WOHNZIMMER ODER AUF DER TERRASSE: DIE FORMSCHÖNE ISOLIERKANNE „ECO" VON ALFI IN „ROMANTIC ROSE" HÄLT KAFFEE UND TEE 12 STUNDEN HEISS ODER BIS ZU 24 STUNDEN KALT! CA. 25 EURO, WWW.ALFI.DE

Wunderbare Wiesenklänge

NATUR NONSTOP

Im Mai ist die Natur definitiv nicht mehr zu überhören. Grillen zirpen und Grashüpfer musizieren. Während des Kochens oder auch im Homeoffice können die friedlichen Klänge direkt aus der „Zirpybox" entspannende Wirkung haben. Die zwei Boxen aus nachhaltigen Resthölzern lassen die Natur zu Hause im Stereosound erklingen, für einen natürlichen Effekt wie draußen. Sie können auch unabhängig voneinander genutzt werden. 2er-Set für 79 Euro über www.franzen.de

Auf schöne Sommerabende!

Alkoholfrei, erfrischend bitter und belebend – „Volée Aperitif Naturel" ist der perfekte Begleiter für alle, die Aperitif und Spritz-Kultur lieben. Zum Mixen mit Tonicwater oder alkoholfreiem Sekt. 0,5 l ca. 17 Euro, www.voleevolee.com

Elegant erfrischen

Jedes Wasser schmeckt noch mal besser, wenn es im stilvollen Trinkglas serviert wird. Neu entdeckt: die eleganten Wassergläser der Serie „Like Grape" von Villeroy & Boch. Das 2er-Set im transparenten Traubenton setzt übrigens auch Desserts toll in Szene. Ca. 18 Euro, www.villeroy-boch.de

Pasta-Perfektion

Eine Packung Nudeln bietet jeden Tag so viele Möglichkeiten! Besonders begeistern uns aktuell die halblangen „Mezzi" von Birkel. Ob klassisch mit Soße oder Pesto serviert, als Nudelgratin oder -salat verarbeitet: Dank extrakurzer Form sind sie blitzschnell gekocht und eignen sich für jedes Pastagericht. 500 g ca. 2 Euro, www.birkel.de

10-MINUTEN-SMOOTHIE „PINK MANDEL": 40 G ERDBEEREN, 45 G HEIDELBEEREN, 40 G HIMBEEREN UND 1,5 G BASILIKUM 12 SEK./STUFE 10 PÜRIEREN. 200 G MANDELDRINK VON ALPRO ZUGEBEN, 10 SEK./STUFE 10 MIXEN. EINSCHENKEN UND GENIESSEN!

Fotos: alfi (1); Volee (1); relaxound (1); Villeroy & Boch (1); Birkel (1); alpro (1); Albstadt Tourismus (3)

Genusswandern

Üppige Wiesen mit Wacholderbüschen und seltenen Orchideen sowie schroffe Felsabbrüche und raue Schluchten mit einzigartigen Aussichtsbalkonen: Albstadt steht für landschaftliche Kontraste und liefert damit ideale Voraussetzungen für abwechslungsreiche Wandererlebnisse. Wer jetzt Lust auf mehr Natur hat, kann sich auf der schwäbischen Alb von geschulten Guides die schönsten Ecken der Region zeigen lassen. Unterwegs warten viele saisonale Leckerbissen – zum Beispiel im Gasthof „Linde" (siehe Bild unten)!

BRINGT EUCH AUF TOUREN!

Geführte Frühlingstouren über die „Traufgänge" – ausgeschilderte Wanderwege – starten wieder ab dem 21. Mai. Dabei geht's zum Beispiel auf „Wiesenrunde" (siehe oben) oder mit der „Ochsenbergtour" hoch hinauf auf den Schnecklesfels (s. ganz unten). Touren und Termine: www.albstadt-tourismus.de

DOPPELT SCHMECKT BESSER

Auf Knopfdruck zaubert der neue Tchibo-Vollautomat „Esperto 2 Caffè" mit der „Double cup"-Funktion und „Doppio"-Taste zwei Getränke gleichzeitig oder die doppelte Getränkemenge. Er punktet mit einem extragroßen Bohnen- und Tresterbehälter sowie einem seitlich abnehmbaren Wassertank für mehr Genuss und ein sauberes Handling. Und den perfekten Kaffee? Den finden Coffee-Lover in den aromatischen Tchibo-Barista-Sorten. Erhältlich sind der „Esperto 2 Caffè" ab ca. 319 Euro und die Barista-Kaffees ab je ca. 17 Euro bei Tchibo. www.tchibo.de/vollautomat

BACKSPASS

Hobbybäcker*innen kennen die Backzubehöre von Städter schon lange – jetzt feiert das Unternehmen 50-jähriges Jubiläum. Auch in unserer Backstube dürfen die Back- und Ausstechförmchen, Spritzbeutel & Co. nicht fehlen. Wenn euch noch etwas zum Backglück fehlt, empfehlen wir www.staedter.de!

Saft aus Gemüse!

FITNESS IM GLAS

Neu im Sortiment des Saftexperten Rabenhorst: der Gemüsesaft „Immunkraft", der die Funktionen des Immunsystems unterstützt, und die „Basen-Balance", die dabei hilft, den Säure-Basen-Haushalt wieder ins Lot zu bringen. Beide bestehen zu 100 % aus Gemüse und enthalten keine Zuckerzusätze. Je 750 ml, ca. 5 Euro, www.rabenhorst.de

REGIONALE ERLEBNISSE LIEGEN IM TREND. VOR ALLEM DAS ERKUNDEN SCHÜTZENSWERTER NATURRÄUME. DAZU GEHÖRT UNBEDINGT AUCH DAS HOCHMOOR KALTENBRONN IM NORD-SCHWARZWALD. DAS UMFANGREICHE JAHRESPROGRAMM FINDET IHR UNTER WWW.MEIN-SCHWARZWALD.DE

Fotos: Städter (1); Rabenhorst (2); Tchibo (2); Tourismus GmbH Nördlicher Schwarzwald (1); Zwilling (1); Schweizer Käse (1); Böcker (5)

Gut vorbereitet

Zum Auftakt der Grillsaison stehen selbst gemachte Dips wieder hoch im Kurs. Bei der Vorbereitung von Gemüse und Kräutern, die nach dem Putzen und Schneiden ruck, zuck in eurem Zaubertopf verarbeitet werden, ist ein gutes Küchenmesser unabdingbar. Unsere Empfehlung: das vielseitige Santuko aus der Reihe „Zwilling Pro". Es liegt gut in der Hand, schneidet vom kleinen bis zum großen Gemüse alles und überzeugt dabei mit langlebiger Qualität. Ca. 110 Euro, www.zwilling.com

BAGUETTE 2.0

Eure selbst gebackenen Brote lassen sich mit einem tollen Trick in umwerfendes Comfort Food verwandeln! Dafür beispielsweise euer Baguette 5 Minuten vor Ende der Backzeit aus dem Ofen nehmen und mit Kräuterbutter aus 4 Knoblauchzehen, 3 TL Kräutern und 125 g Butter bestreichen. Nun 5 Minuten zu Ende backen. Schneidet das noch heiße Baguette anschließend mehrfach quer ein, ohne es dabei durchzuschneiden, und gebt hauchdünn gehobelte Käseblumen vom Tête de Moine AOP in die Schlitze. Die luftigen Käsescheiben schmelzen durch die Restwärme im Brot. Einfach köstlich!

Schweizer Käse bekommt ihr an der gut sortierten Käsetheke oder frisch abgepackte „Käseblumen" im Kühlregal. Das besondere Brett mit Hobelmesser heißt übrigens Girolle. Mehr Infos zu Käsespezialitäten unter www.schweizerkaese.de

ERDBEER*liebe*

Jetzt haben die kleinen süßen Früchtchen wieder Saison und wir kosten sie voll aus. Findet hier die besten Erdbeerkuchen und Ideen, die sofort fertig zum Genießen sind

Rezepte: Elisa Schilling

Erdbeerquark

00 05 std : min

LOW CARB LOW FAT

PRO PORTION: 244 KCAL | 17 G E | 27 G F | 7 G KH

ZUTATEN FÜR 4 PERSONEN

- **500 g Erdbeeren, halbiert**
- **500 g Magerquark**
- **100 g Sahne**
- **1 TL Vanillezucker**
- **50 g Ahornsirup oder Zucker (optional)**
- **Minze zum Garnieren**

50 g Erdbeeren in den geben und **6 Sek. | Stufe 8** pürieren. Quark, Sahne, Vanillezucker, optional Ahornsirup oder Zucker hinzufügen und **30 Sek. | Stufe 4** vermengen. Restliche Erdbeeren mit dem unterheben. Den Quark mit Minze garnieren und servieren.

>TIPP Das einfache Dessert ist im Monsieur schnell gemixt – je nach Süße der Beeren könnt ihr ggf. auch auf Zucker verzichten!

Erdbeer-Biskuitrolle

00 45 std : min

LOW CARB LOW FAT

PRO STÜCK: 218 KCAL | 4 G E | 11 G F | 27 G KH

ZZGL. 1 STD. 30 MIN. RUHEZEIT

ZUTATEN FÜR 14 STÜCKE

FÜR DEN TEIG
- **4 Eier**
- **100 g Zucker zzgl. 2 EL zum Bestreuen**
- **1 TL selbst gemachter Vanillezucker**
- **75 g Weizenmehl Type 405**
- **30 g Stärke**
- **1 Msp. Backpulver**
- **1 Prise Salz**

FÜR DIE FÜLLUNG UND ZUM GARNIEREN
- **350 g Erdbeeren zzgl. einige mehr zum Garnieren**
- **400 g Sahne**
- **2 Pck. Sahnesteif**
- **5 EL Zucker**
- **1 EL selbst gemachter Vanillezucker**
- **200 g Erdbeerkonfitüre**
- **Puderzucker zum Bestäuben**

1 Backofen auf 190 °C Ober-/Unterhitze vorheizen. Ein Blech mit Backpapier auslegen.

2 Den Rühraufsatz einsetzen. Eier, Zucker und Vanillezucker in den Mixtopf geben und **7 Min. | Stufe 3 | 37°C** aufschlagen, weitere **6 Min. | Stufe 4** aufschlagen. Mehl, Stärke, Backpulver sowie Salz hinzufügen und alles **3 Sek. | Stufe 4** vermengen. Den Teig auf das Blech geben und verstreichen. Im heißen Ofen ca. 12 Min. backen. Den Mixtopf spülen.

3 Ein Küchentuch mit 2 EL Zucker bestreuen. Den Biskuit nach dem Backen auf das Tuch stürzen und sofort mithilfe des Tuchs einrollen. Den Biskuit eingerollt mindestens 30 Min. abkühlen lassen.

4 In der Zwischenzeit für die Füllung 150 g Erdbeeren in den Mixtopf geben, **10 Sek. | Stufe 8** pürieren und umfüllen. Den Mixtopf ausspülen und den Rühraufsatz einsetzen. Sahne und Sahnesteif in den Mixtopf geben und ohne Zeiteinstellung **Stufe 4** unter Sichtkontakt steif schlagen. Währenddessen Zucker und Vanillezucker durch die Deckelöffnung rieseln lassen. Den Rühraufsatz entnehmen. Erdbeerpüree dazugeben und **30 Sek. | Linkslauf | Stufe 3** unterheben.

5 Die übrigen Erdbeeren in Scheiben schneiden. Biskuitboden ausrollen, mit Konfitüre und Erdbeersahne bestreichen und mit Erdbeerscheiben belegen. Die Biskuitrolle vorsichtig wieder einrollen und mind. 1 Std. kalt stellen. Die Rolle mit Puderzucker bestäuben, mit einigen Erdbeeren garnieren und servieren.

>TIPP Damit der Biskuit nicht bricht: Bereitet das gezuckerte Tuch wie in Schritt 3 beschrieben schon während des Backens vor. Denkt beim Einrollen des Teigs daran, dass er heiß ist. Lasst den Biskuit im Tuch wirklich gut abkühlen, damit die Füllung nicht zerläuft, sobald sie ihn berührt. Lasst beim Bestreichen mit Creme etwas Platz zum Rand, damit sie nicht herausquillt. Und: Übung macht Meister!

Fotos: Désirée Peikert (2)

Käse-Sahne-Torte mit Erdbeeren

00 55 std : min

LOW CARB LOW FAT

PRO STÜCK: 391 KCAL | 15 G E | 15 G F | 49 G KH

5 STD. RUHEZEIT

ZUTATEN FÜR 10 STÜCKE

FÜR DEN TEIG
- **4 Eier**
- **125 g Zucker**
- **2 TL selbst gemachter Vanillezucker**
- **100 g Weizenmehl Type 405**
- **50 g Stärke**
- **2 TL Backpulver**

FÜR DIE CREME
- **400 g Sahne**
- **2 Pck. Sahnesteif**
- **750 g Magerquark**
- **125 g Zucker**
- **Abrieb und Saft von 1 unbehandelten Zitrone**
- **2 TL selbst gemachter Vanillezucker**
- **500 g Erdbeeren**

AUSSERDEM
- **Springform (Ø 20 cm)**
- **Tortenring**

1 Den Backofen auf 180 °C Umluft vorheizen. Die Springform am Boden mit Backpapier belegen. Rühraufsatz einsetzen. Eier, Zucker und Vanillezucker im Mixtopf **7 Min. | Stufe 3 | 37 °C** aufschlagen, weitere **6 Min. | Stufe 4** aufschlagen. Mehl, Stärke und Backpulver zufügen, alles **3 Sek. | Stufe 4** vermengen. Teig in die Springform geben, verstreichen. 20–25 Min. backen, dann mind. 1 Std. abkühlen lassen. Mixtopf spülen.

2 Für die Creme den Rühraufsatz einsetzen. Sahne mit Sahnesteif im Mixtopf ohne Zeiteinstellung **Stufe 4** unter Sichtkontakt steif schlagen. Den Rühraufsatz entnehmen und die Sahne umfüllen.

3 Quark, Zucker, Zitronenabrieb und -saft sowie Vanillezucker in den Mixtopf geben, **20 Sek. | Stufe 4** vermengen. Die Sahne mit dem Spatel unter die Quarkmasse heben.

4 Den Biskuit waagerecht in 3 Böden teilen. Unteren Boden auf eine Tortenplatte setzen und mit dem Tortenring umschließen. Einen Teil der Erdbeeren halbieren und mit der Schnittfläche nach unten am Tortenring andrücken. Restliche Erdbeeren auf dem Kopf stehend auf dem Boden anordnen, dabei einige Erdbeeren zum Garnieren beiseitelegen.

5 4 EL Tortencreme zum Garnieren beiseitestellen. Zwei Drittel der Quark-Sahne-Masse auf den unteren Boden geben und glatt streichen. Zweiten Tortenboden darauflegen und mit der restlichen Creme bestreichen. Letzten Tortenboden darauflegen, mit der zur Seite gestellten Creme bestreichen und Torte mind. 4 Std. kalt stellen. Die Torte mit den übrigen Erdbeeren garnieren und servieren.

> **TIPP** Die erfrischende Käsesahnetorte gelingt wirklich einfach und ihr braucht nicht viele Zutaten für Boden und Creme. Am besten backt ihr sie am Vortag, so bleibt Zeit zum Kühlen!

Fotos: Désirée Peikert (1); Kathrin Knoll (2)

Erdbeermilch

00 05 std : min

LOW CARB LOW FAT

PRO PORTION: 124 KCAL | 5 G E | 5 G F | 16 G KH

ZUTATEN FÜR 4 GLÄSER À 200 ML

- ★ **250 g Erdbeeren**
- ★ **500 g Milch**
- ★ **20 g Zucker**
- ★ **Mark von ½ Vanilleschote**

Die Erdbeeren im Mixtopf **8 Sek. | Stufe 5** zerkleinern. Übrige Zutaten dazugeben und **1 Min. | Stufe 8** pürieren. Erdbeermilch in Gläser umfüllen und servieren.

>**TIPP** Das Rezept könnt ihr bei Bedarf auch verdoppeln.

„Yogurette"-Eis

00 10 std : min

LOW CARB LOW FAT

PRO PORTION: 274 KCAL | 4 G E | 11 G F | 39 G KH

ZUTATEN FÜR 6 PERSONEN

- ★ **100 g „Yogurette"-Riegel**
- ★ **50 g Zucker**
- ★ **500 g Erdbeeren (TK)**
- ★ **200 g Joghurt**

1 | Riegel in den Mixtopf geben, **6 Sek. | Stufe 6** zerkleinern und umfüllen. Zucker in den Mixtopf geben, **15 Sek. | Stufe 10** pulverisieren.

2 | Erdbeeren zufügen und **15 Sek. | Stufe 8** zerkleinern. Joghurt sowie zerkleinerte Yogurette zugeben und alles **10 Sek. | Stufe 4** vermengen. Das Eis sofort servieren oder für etwas mehr Festigkeit 30 Min. tiefkühlen.

Erdbeerplunder

01 10 std : min

LOW CARB LOW FAT

PRO STÜCK: 305 KCAL | 4 G E | 20 G F | 27 G KH

ZZGL. 2 STD. 15 MIN. RUHEZEIT

ZUTATEN FÜR 12 STÜCK

FÜR DEN TEIG
- 250 g kalte Butter, in Stücken
- 225 g Weizenmehl Type 405 zzgl. etwas mehr zum Bearbeiten
- 100 g kaltes Wasser
- 30 g Zucker
- 1 Prise Salz

FÜR DIE FÜLLUNG
- 500 g Milch
- 60 g Zucker
- 25 g Stärke
- 2 Eigelb
- 1 Vanilleschote
- 300 g Erdbeeren, geviertelt

1 Die Zutaten für den Teig in den geben und **30 Sek. | Stufe 4** vermengen. Den Teig auf einer bemehlten Arbeitsfläche mit der Hand noch einmal durchkneten und zu einem Riegel formen. Abgedeckt 15 Min. in das Tiefkühlfach legen.

2 Den Teig auf einer bemehlten Arbeitsfläche zu einem Rechteck (30 × 15 cm) ausrollen. Unteres Drittel zur Mitte umschlagen, oberes Drittel darüberklappen. Den Teig um 90 Grad drehen und zu den offenen Kanten hin erneut zu einem (langen) Rechteck ausrollen. Unteres Drittel zur Mitte umschlagen, oberes Drittel darüberklappen. Diesen Vorgang viermal wiederholen. Anschließend zwei Stunden kalt stellen.

3 Inzwischen für die Füllung Milch, Zucker, Stärke, Eigelbe sowie Mark der Vanilleschote in den geben, **5 Sek. | Stufe 5** vermengen. Vanilleschote zufügen, alles **7 Min. | | Stufe 3 | 90 °C** aufkochen. Die Vanilleschote entnehmen. Den Pudding umfüllen, mit Frischhaltefolie direkt auf der Oberfläche abdecken und auskühlen lassen.

4 Den Ofen auf 175 °C Ober-/Unterhitze vorheizen. Ein Backblech mit Backpapier belegen. Dann den Blätterteig auf der bemehlten Arbeitsfläche ausrollen, 12 Kreise (Ø à ca. 13 cm) ausstechen. Die Ränder leicht umklappen, damit ein kleines Nest entsteht. Teiglinge auf das Backblech setzen und den Vanillepudding darin verstreichen. Im heißen Ofen 20–25 Min. backen. Herausnehmen und auskühlen lassen. Erdbeeren auf die Puddingteilchen setzen und servieren.

>**TIPP** Der Vanillepudding gelingt euch im Monsieur ganz leicht, da er ihn gradgenau auf nur 90 °C erhitzt, da brennt nichts an!

Fotos: Anna Gieseler (2); Désirée Peikert (1); www.stockfood.de/Gräfe & Unzer Verlag/Thorsten Suedfels (1)/Profimedia (1)

Raffinierte No-bake-Ideen

ERDBEER-PUDDING-SCHNITTEN

Blechkuchen ohne Backen? Diese Schnitten zeigen den Klassiker supercremig und schön kühl. Von Boden bis Guss ist alles flink zubereitet!

ERDBEERTÖRTCHEN

Die eleganten Pannacotta-Törtchen mit Schokoboden und Schokosplittern zergehen auf der Zunge. Boden und Creme sind im Monsieur schnell und einfach gemixt.

KÄSE-SAHNE-TORTE MIT ERDBEEREN

Der klassische Frischkäse-kuchen mit Keksboden – hier geküsst von süßen Beeren. Das Traumstück gelingt wirklich leicht und eignet sich perfekt zur Vorbereitung.

monsieur cuisine

Diese drei Erdbeerrezepte sowie viele weitere findet ihr online: WWW.ZAUBERMIX.DE

Erdbeer-Kokos-Tiramisu

00 | 20 std : min

LOW CARB LOW FAT

PRO PORTION: 536 KCAL | 11 G E | 27 G F | 59 G KH

ZZGL. 2 STD. RUHEZEIT

ZUTATEN FÜR 8 PERSONEN

- 160 g frisch aufgebrühter Espresso, abgekühlt
- 100 g Kokoslikör
- 200 g Löffelbiskuits
- 80 g weiße Schokolade, in Stücken
- 500 g Mascarpone
- 250 g Magerquark
- 200 g Sahne
- 180 g Zucker
- 600 g Erdbeeren, in dünnen Scheiben
- 2 EL Kokosraspel

AUSSERDEM
- Auflaufform (ca. 30×15 cm)

1 Espresso und Kokoslikör vermengen. 100 g Löffelbiskuits eng nebeneinander in die Auflaufform legen und mit der Hälfte der Espresso-Likör-Mischung beträufeln.

2 Schokolade in den [Mixtopf] geben, **10 Sek. | Stufe 8** hacken und umfüllen. Den Rühraufsatz einsetzen. Mascarpone, Quark, Sahne und Zucker im [Mixtopf] ohne Zeiteinstellung **Stufe 4** unter Sichtkontakt cremig rühren. Schokolade zufügen, mit dem [Spatel] unterrühren.

3 Die Hälfte der Creme auf den Löffelbiskuits verteilen und glatt streichen. Mit der Hälfte der Erdbeerscheiben belegen und mit 1 EL Kokosraspeln bestreuen.

4 Übrige Löffelbiskuits darauflegen. Mit restlicher Espressomischung beträufeln und übriger Creme bedecken. Mit übrigen Erdbeerscheiben und Kokosraspeln bestreuen. Tiramisu mind. 2 Std. kalt stellen, dann servieren.

RATGEBER

5 FRAGEN, 5 ANTWORTEN

Ricarda weiß Rat

Community-Managerin

Ihr habt Fragen zur Verwendung des Monsieur? Ob über Instagram, Facebook, oder ZauberMix.de – stellt sie mir!

Hast du Tipps für den Kauf eines gebrauchten Monsieur Cuisine?

Unbedingt persönlich anschauen! Denn nur so kannst du kontrollieren, ob auch das vollständige Zubehör wie Dampfgaraufsatz und Rühreinsatz dabei sind und alle Komponenten intakt sind. Achte auf Kabel und Kontakte und teste am besten vor Ort, ob das Gerät beim Zerkleinern auf höchster Stufe richtig läuft oder merkwürdige Geräusche macht. Kontrolliere mit eingefülltem Wasser, ob der \=/ dicht verschließt.

Sind die Zubehöre vom Monsieur Cuisine Smart und Connect bzw. Trend kompatibel?

Die beiden Modelle Connect und Trend unterscheiden sich minimal, hier kannst du die Zubehörteile problemlos zwischen den beiden Varianten austauschen. Im Vergleich zum Smart sind jedoch nur einzelne Zubehörteile austauschbar, nämlich die, die bei den jüngeren Modellen gleich geblieben sind. Das sind Mixmesser, Kocheinsatz, Rühraufsatz, Messbecher, der flache Dampfgaraufsatz sowie der Deckel des Dampfgaraufsatzes. Alle anderen Komponenten wie Mixtopf, Deckel und der tiefe Dampfgaraufsatz eignen sich nur für das jeweilige Modell.

Ich habe noch ein paar restliche Erdbeeren, hast du eine Idee dafür?

Eine Erdbeersoße ist fix gemacht und verleiht Desserts wie Eis, Joghurt, Milchreis, Waffeln & Co. eine fruchtige Note. Dafür 200 g Erdbeeren mit 25 g Zucker und 20 g Zitronensaft in einer Schüssel vermengen, 30 Minuten ziehen lassen. Dann im \=/ **20 Sek. | Stufe 10** pürieren und durch ein Sieb streichen. Ebenfalls super für Reste: Konfitüre, Frischkäse und Shakes. Rezepte findest du bei uns unter www.zaubermix.de.

Was könnte ich im Dampfgaraufsatz machen, um ihn noch mehr zu nutzen?

In den tiefen Dampfgaraufsatz passen große Mengen an Gemüse, kleine Kuchen und Brote, Braten oder ein ganzes Hähnchen. Hier garen härtere Gemüse wie Karotten oder Kartoffeln, ganze Fische oder größere Portionen Fleisch, die nicht auf den flachen Dampfgaraufsatz passen. Auf dem flachen Dampfgaraufsatz bereitest du Lebensmittel mit kürzerer Garzeit wie Fischfilets und Hähnchenbrust, Spargel und Bohnen zu sowie Omeletts, Frikadellen oder Knödel!

Mein Mixmesser ist stumpf, kann ich es schärfen?

Nein, davon rate ich dringend ab. Denn dies könnte das Messer beschädigen und würde zu unausgewogenen Ergebnissen führen. Meine Empfehlung ist, dass du dir ein neues Messer bestellst. Achte dabei darauf, dass du das passende Exemplar für genau dein Monsieur-Modell auswählst. Extratipp: Verwende für herkömmliches Kochen und Backen ein Messer, zum Getreide- oder Kaffeemahlen und Eiscrushen ein zweites. So muss nur das Messer, mit dem du regelmäßig harte Zutaten zerkleinerst, gelegentlich ersetzt werden. Das Messer für herkömmliche Rezepte ist immer einsatzfähig.

Kommt in unsere Facebook-Gruppe und tauscht euch mit uns und anderen Fans aus!

Scan mich!

Fotos: Désirée Peikert (1); Archiv (3)

FÜR NUR 14,90 EURO

ES DUFTET, ES KNUSPERT, ES IST SELBST GEMACHT!

Du backst zum ersten Mal Brot oder möchtest mehr der duftenden Laibe in deiner Backstube zubereiten? Mit supereinfachen Rezepten und übersichtlichen Schritt-für-Schritt-Anleitungen für den Monsieur Cuisine gelingen dir Brötchen, Brote und auch Leckerbissen für besondere Anlässe auch zu Hause!

JETZT DIREKT LOSBACKEN!

Unser Backbuch findest du für nur 14,90 Euro bei amazon (ISBN: 978-3-96417-228-0) oder ganz bequem über www.zaubertopf-shop.de/buecher

BROTE WIE VOM BÄCKER!

Mit dem Monsieur Cuisine in der Backstube kannst du ab sofort Brote wie vom Bäcker zubereiten! Der Zaubertopf mahlt das Getreide für dich, wiegt die Zutaten präzise ab und knetet selbst schwere Teige mühelos. Das Ergebnis: wunderbare Brote aus dem eigenen Ofen. Unsere wertvollsten Tipps für gutes Gelingen und viele smarte Hacks, wie du den Monsieur clever einsetzt, sorgen für extra Backspaß! Staune, wie einfach und erfüllend es ist, deine Lieblingsbrote tatsächlich selbst zu backen!

Fotos: iStock/Getty Images Plus/Frostroomhead (1); Archiv (5)

ALL IN ONE

Gemüseküche

Wir liefern neue Inspirationen, wie ihr das saisonale Angebot vom Markt jetzt vielseitig in Mixtopf, Kocheinsatz und Dampfgarer verarbeitet

Rezepte: Elisa Schilling | Fotos & Styling: Desireé Peikert

VOLLER DAMPFGARER

Das ist das Beste an eurem Dampfgaraufsatz: Er bietet wirklich viel Platz, um das Gemüse eurer Wahl perfekt zu dünsten. In diesem Rezept gart ihr 2 Kilo gemischtes Gemüse, das den Raum im tiefen und im flachen Aufsatz voll ausschöpft. Habt ihr andere Gemüsesorten, könnt ihr unsere Auswahl ersetzen. Legt größeres Gemüse wie Kartoffeln nach unten in den tiefen, kleineres Gemüse oder entsprechend geschnittene Stücke in den flachen Dampfgaraufsatz. Achtet darauf, dass immer einige Luft- und Seitenschlitze frei bleiben.

Frühlingsgemüse mit Kräutersoße und Ei

00 35 std : min

LOW CARB LOW FAT

PRO PORTION: 574 KCAL | 23 G E | 21 G F | 75 G KH

ZUTATEN FÜR 4 PERSONEN

FÜR DAS GEMÜSE

- **1000 g Wasser**
- **1000 g Drillinge, mit Schale**
- **300 g Karotten mit Grün, je nach Größe längs halbiert (z. B. mit etwas Grün)**
- **300 g Zucchini, in ca. 5 cm langen Streifen**
- **Salz**
- **frisch gemahlener schwarzer Pfeffer**
- **4 Eier**
- **150 g Erbsen (TK)**

FÜR DIE SOSSE

- **50 g Butter, in Stücken**
- **50 g Weizenmehl Type 405**
- **500 g Milch**
- **15 g Basilikumblättchen zzgl. etwas mehr zum Garnieren**
- **1 Prise frisch geriebene Muskatnuss**

1 | Wasser in den Mixtopf füllen, den tiefen Dampfgaraufsatz aufsetzen und die Drillinge darin verteilen. Karotten und Zucchini in den flachen Dampfgaraufsatz geben, mit ½ TL Salz sowie 2 Prisen Pfeffer würzen. Den Dampfgaraufsatz verschließen und alles **10 Min.** | dämpfen.

2 | Dampfgaraufsatz absetzen, die Eier in den Kocheinsatz legen und diesen in den Mixtopf einhängen. Erbsen mit auf den flachen Dampfgaraufsatz geben und den Dampfgaraufsatz wieder aufsetzen. Weitere **12 Min.** | garen, dabei das Aufheizen überspringen.

3 | Den Dampfgaraufsatz geschlossen absetzen und den Kocheinsatz mithilfe des Spatels entnehmen. Den Mixtopf kurz ausspülen.

4 | Für die Soße die Butter in den Mixtopf geben und **3 Min.** | **Stufe 1** | **100 °C** schmelzen. Mehl zufügen und **3 Min.** | **Stufe 1** | **100 °C** andünsten. Milch, Basilikum, Muskat, ½ TL Salz sowie 2 Prisen Pfeffer dazugeben, alles **15 Sek.** | **Stufe 8** pürieren, **7 Min.** | **Stufe 3** | **90 °C** kochen.

5 | Eier pellen. Gemüse mit Eiern und Kräutersoße auf Tellern anrichten, mit etwas Basilikum garnieren und servieren.

> **TIPP** In den Kocheinsatz passen bis zu acht Eier. Wenn ihr die doppelte Menge kocht, könnt ihr vier davon für den nächsten Tag kalt stellen. Je nachdem wie weich oder hart ihr die Eier mögt, könnt ihr die Zeit anpassen: Für weiche Eier rechnet 12 Minuten, für harte 15 Minuten.

Spargel mit Räucherlachs und Honig-Senf-Hollandaise

00 50
std : min

LOW CARB · LOW FAT

PRO PORTION: 793 KCAL | 35 G E | 52 G F | 49 G KH

ZUTATEN FÜR 4 PERSONEN

FÜR DAS GEMÜSE UND DEN LACHS
- **800 g festkochende Kartoffeln**
- **1000 g Wasser**
- **Salz**
- **1200 g weißer Spargel, geschält**
- **2 EL Butter**
- **frisch gemahlener schwarzer Pfeffer**
- **1 TL Zucker**
- **1 unbehandelte Zitrone, in Scheiben**
- **400 g Räucherlachs**

FÜR DIE SOSSE
- **15 g Dillspitzen**
- **125 g Butter, in Stücken**
- **4 Eigelb**
- **1 EL Honig**
- **1 EL mittelscharfer Senf**
- **1 EL natives Olivenöl extra**
- **1 Spritzer Zitronensaft**

1 Kocheinsatz einhängen und Kartoffeln einwiegen. Wasser mit 1 TL Salz in den \≡/ geben. Rühraufsatz in den tiefen Dampfgaraufsatz legen und den Spargel darauf verteilen. Butter in Flocken auf den Spargel geben, mit 2 Prisen Salz, 1 Prise Pfeffer und Zucker würzen. Die Zitronenscheiben darauflegen. Den Dampfgaraufsatz aufsetzen und alles **23 Min.** | ♨ garen.

2 Dampfgaraufsatz abnehmen. Den Kocheinsatz mithilfe des ⟋ entnehmen, beides beiseitestellen und warm halten. Den \≡/ leeren.

3 Für die Soße Dill in den \≡/ geben, **8 Sek.** | **Stufe 8** zerkleinern und umfüllen. Butter in den \≡/ geben, **3 Min.** | **Stufe 2** | **70 °C** schmelzen und umfüllen. Rühraufsatz einsetzen. Restliche Zutaten, Dill, ½ TL Salz sowie 2 Prisen Pfeffer in den \≡/ geben und **4 Min.** | **Stufe 3** | **80 °C** schaumig rühren. Nach 2 Min. die geschmolzene Butter auf den Deckel des \≡/ gießen und am Messbecher vorbei in den \≡/ laufen lassen.

4 Rühraufsatz entnehmen und Soße zu Kartoffeln, Spargel und Räucherlachs servieren.

> **TIPP** Zur Spargelzeit gehören Kartoffeln dazu. Wer gern und häufig Kartoffeln zubereitet, dem können wir den Kartoffelschäler „WunderPeeler V2“ wärmstens empfehlen. Der Aufsatz sitzt auf dem Mixmesser und raspelt die Schale von bis zu 1 Kilo Kartoffeln in wenigen Minuten sauber ab. Das nennen wir doch mal praktisch! 24,95 Euro, www.zaubertopf-shop.de

PERFEKT GEGART
Legt bei diesem Rezept zwei Spargelstangen über Kreuz in den tiefen Dampfgaraufsatz, ehe ihr die restlichen hineingebt. Dieser Trick sorgt dafür, dass der Spargel nicht alle Dampfschlitze verdeckt, sondern einige frei bleiben, sodass die Stangen gleichmäßig garen.

Foto: Archiv (1)

Antipasti-Gnocchi mit Feta und Kabanossi

00 40 std : min

LOW CARB · LOW FAT

PRO PORTION: 879 KCAL | 28 G E | 49 G F | 84 G KH

ZUTATEN FÜR 4 PERSONEN

- 2 Knoblauchzehen
- 1 Zwiebel, halbiert
- 1 rote Paprikaschote, in Stücken
- 1 gelbe Paprikaschote, in Stücken
- 1 Zucchini, in Stücken
- 3 EL natives Olivenöl extra
- 300 g Cocktailtomaten, halbiert
- 400 g stückige Tomaten (Dose)
- 50 g Wasser
- 2 EL dunkler Balsamicoessig
- 2 TL Gemüse-Gewürzpaste
- 2 TL getrocknete italienische Kräuter
- 800 g Gnocchi (Kühlregal)
- 250 g Kabanossi, in Scheiben
- 200 g Feta, zerbröckelt
- Basilikum zum Garnieren

1 Knoblauch, Zwiebel, Paprika sowie Zucchini in den geben und **5 Sek. | Stufe 7** mithilfe des zerkleinern. Mit dem nach unten schieben. Öl hinzufügen und alles **3 Min.** | andünsten.

2 Die restlichen Zutaten, bis auf Gnocchi, Kabanossi und Feta, zugeben. Die Gnocchi und Kabanossischeiben so im Dampfgaraufsatz verteilen, dass einige Dampfschlitze frei bleiben. Den Dampfgaraufsatz verschlossen auf den setzen und alles **20 Min.** | | **Stufe 1** | **120 °C** garen.

3 Den Dampfgaraufsatz absetzen. Gnocchi mit der Soße auf Tellern anrichten, mit Feta und etwas Basilikum bestreuen und servieren.

> **TIPP** Kabanossi findet ihr im Kühlregal oder auch haltbar im Dauerwurstsortiment. Sie schmeckt roh oder erwärmt.

Arbeitszeit? Nur 20 Minuten!

Thai-Hähnchen mit Karottenreis und Erdnusssoße

00 50
std : min

LOW CARB LOW FAT

PRO PORTION: 992 KCAL | 67 G E | 51 G F | 72 G KH

ZUTATEN FÜR 4 PERSONEN

FÜR FLEISCH UND GEMÜSE
- 500 g Brokkoli, in Röschen
- 600 g Hähnchenfilet, in Streifen
- 1 TL Salz
- 1 TL Paprikapulver
- 1 TL getrockneter Koriander
- ½ TL Knoblauchpulver
- 2 EL natives Olivenöl extra
- 120 g Karotten, in Stücken
- 200 g Langkornreis
- 2 TL Gemüse-Gewürzpaste
- 1500 g Wasser
- Koriander zum Garnieren

FÜR DIE ERDNUSSSOSSE
- 300 g Erdnüsse
- 2 Knoblauchzehen
- 3 EL Sesamöl
- 2 TL Currypulver
- 600 g Kokosmilch
- 2 EL Agavendicksaft
- 2 EL Sojasoße

1 Den Brokkoli im tiefen Dampfgaraufsatz verteilen. Den flachen Dampfgaraufsatz mit einem zugeschnittenen Stück Backpapier belegen, dabei darauf achten, dass die Dampfschlitze frei bleiben. Das Hähnchenfleisch daraufgeben und mit Salz, Paprikapulver, getrocknetem Koriander, Knoblauchpulver und Öl würzen.

2 Karotten in den Mixtopf geben und **5 Sek. | Stufe 6** zerkleinern. Reis in den Kocheinsatz einwiegen und unter fließendem Wasser spülen. Karotten mit in den Kocheinsatz geben und unter den Reis mischen. Kocheinsatz einhängen, Gewürzpaste und Wasser zugeben.

3 Den tiefen Dampfgaraufsatz mit dem flachen Dampfgaraufsatz verschlossen auf den Mixtopf setzen, alles **16 Min. |** Dampfgaren garen. Dampfgaraufsatz abnehmen. Mithilfe des Spatels den Kocheinsatz entnehmen, alles warm halten. Den Mixtopf ausspülen.

4 Für die Soße Erdnüsse in den Mixtopf geben, **15 Sek. | Stufe 8** zerkleinern, umfüllen. Knoblauch in den Mixtopf geben, **3 Sek. | Stufe 8** zerkleinern. Mit dem Spatel nach unten schieben. Öl und Currypulver hinzufügen, alles **3 Min. | Stufe 1 | 120 °C** andünsten. Nüsse, Kokosmilch, Agavendicksaft und Sojasoße dazugeben, alles **5 Min. | Stufe 1 | 100 °C** garen. Reis mit Hähnchen, Brokkoli, Soße und Koriander servieren.

Frikadellen mit Rahmblumenkohl

00 | 50 std : min

LOW CARB LOW FAT

PRO PORTION: 643 KCAL | 32 G E | 50 G F | 20 G KH

ZUTATEN FÜR 4 PERSONEN

FÜR DIE FRIKADELLEN
- **1 Knoblauchzehe**
- **1 Zwiebel, halbiert**
- **2 EL Rapsöl**
- **500 g gemischtes Hackfleisch**
- **1 Ei**
- **2 TL edelsüßes Paprikapulver**
- **Salz**
- **frisch gemahlener schwarzer Pfeffer**

FÜR DAS GEMÜSE
- **1000 g Wasser**
- **500 g Blumenkohl, in Röschen**
- **1 Zwiebel, halbiert**
- **10 g Petersilienblättchen**
- **2 EL Butter**
- **200 g Sahne**
- **40 g Weizenmehl Type 405**
- **1 Prise frisch geriebene Muskatnuss**
- **3 Frühlingszwiebeln, in Ringen**

1 Für die Frikadellen Knoblauch sowie Zwiebel in den geben, **5 Sek. | Stufe 7** zerkleinern, mit dem nach unten schieben. Öl zufügen, beides **2 Min. | Stufe 1 | 120°C** andünsten. Hackfleisch, Ei, Paprikapulver, 1 TL Salz und 3 Prisen Pfeffer zugeben, alles **10 Sek. | Stufe 4** vermengen. Einen Bogen Backpapier auf die Größe des flachen Dampfgaraufsatzes zuschneiden und leicht befeuchten. Aus der Masse 12 Frikadellen formen und auf den mit Backpapier belegten flachen Dampfgaraufsatz legen.

2 Wasser in den geben. Blumenkohl im tiefen Dampfgaraufsatz verteilen und diesen zusammen mit dem flachen Dampfgaraufsatz verschlossen auf den setzen. **15 Min. |** garen. Dampfgaraufsatz abnehmen und warm stellen. Den leeren und die Garflüssigkeit auffangen.

3 Für die Soße Zwiebel sowie Petersilie in den geben und **5 Sek. | Stufe 8** zerkleinern. Mit dem nach unten schieben. Butter zufügen, beides **3 Min. | Stufe 1 | 120°C** darin andünsten. 150 g Garflüssigkeit, Sahne, Mehl, Muskat, 1 TL Salz sowie 2 Prisen Pfeffer zugeben und alles **6 Min. | Stufe 3 | 90°C** kochen.

4 Blumenkohl mit Soße vermengen, mit den Frikadellen anrichten und mit Frühlingszwiebeln garniert servieren.

> **TIPP** Zum Warmhalten den Dampfgaraufsatz mit einem Geschirrhandtuch abdecken oder auf den stellen, während die Soße kocht.

EINFACH & GUT

Das Geheimnis, wie wir den soften, luftigen Frikadellen aus dem flachen Dampfgaraufsatz ordentlich Farbe verleihen: Wir geben 2 TL edelsüßes Paprikapulver ans Hack, das zum einen würzt und zum anderen wirklich den optischen Unterschied macht. Das Gemüse gart zeitgleich mit den Fleischbällchen. Unser Tipp: Legt Backpapier eine Silikonauflaufform oder Dauergarfolie in den flachen Aufsatz, damit die Hackbällchen nicht auf die Kohlröschen in der Etage darunter tropfen.

Während das Mittagessen gart, gönnt ihr euch am besten eine kleine Auszeit!

15 MINUTEN

Mittagsexpress

Spart euch den Gang zur Fast-Food-Kette!
Hier kommen vier unwiderstehliche Expressrezepte

Rezepte: Vera Schubert | Fotos & Styling: Tina Bumann

15 MINUTEN

Avocado-Pasta mit Bacon

LOW CARB LOW FAT

PRO PORTION: 984 KCAL | 20 G E | 58 G F | 101 G KH

ZUTATEN FÜR 4 PERSONEN

- 500 g Spaghetti
- Salz
- 200 g Bacon, in Streifen
- Blättchen von 4 Stielen Basilikum zzgl. etwas mehr zum Garnieren
- 2 Knoblauchzehen
- Fruchtfleisch von 2 reifen Avocados
- 1 EL natives Olivenöl extra
- Saft von ½ Zitrone
- ¼ TL Chiliflocken
- 2 Prisen frisch gemahlener schwarzer Pfeffer
- 2 EL Parmesan zum Garnieren, gerieben

1 | Die Spaghetti in einem Kochtopf in reichlich kochendem Salzwasser bissfest garen. Eine Pfanne erhitzen und den Bacon darin bei mittlerer Hitze einige Minuten auslassen, dann beiseitestellen.

2 | Inzwischen Basilikum und Knoblauch in den geben und **5 Sek. | Stufe 8** zerkleinern. Mit dem nach unten schieben. Die Avocados, Öl, Zitronensaft, Chiliflocken, ½ TL Salz sowie Pfeffer hinzufügen und alles **20 Sek. | Stufe 6** mixen.

3 | Spaghetti abgießen und mit der Avocadocreme vermengen. Auf Tellern anrichten, mit Baconstreifen bestreuen, mit Parmesan und Basilikum garnieren und servieren.

>**TIPP** Anstelle von geriebenem Parmesan könnt ihr mit einem Sparschäler feine Hobel von einem Parmesan am Stück abnehmen und aufstreuen.

CREMIGE SOSSE IN SEKUNDEN

Avocados haben von sich aus schon eine cremige Konsistenz. Diese nutzen wir hier, um eine blitzschnelle, supercremige Pastasoße zu mixen, die ihr wie ein Pesto direkt zur heißen Pasta servieren könnt. Extra Plus: Die Soße ist auch noch richtig gesund!

15 MINUTEN

Fischstäbchen-Hotdog

LOW CARB LOW FAT

PRO PORTION: 805 KCAL | 19 G E | 60 G F | 49 G KH

ZUTATEN FÜR 4 PERSONEN

- 150 g Sonnenblumenöl zzgl. etwas mehr zum Anbraten
- 12 Fischstäbchen (TK, 360 g)
- 2 rote Zwiebeln, 1 halbiert, 1 in Ringen
- 50 g Gewürzgurken, halbiert
- Spitzen von 2 Stielen Dill
- 50 g Milch (Zimmertemperatur)
- 10 g mittelscharfer Senf
- 1 TL Zitronensaft
- 2 Prisen Salz
- 1 Prise frisch gemahlener schwarzer Pfeffer
- 150 g Schmand
- 4 Hotdog-Brötchen
- 4 grüne Salatblätter (z.B. Romana)
- ¼ Gurke, in Scheiben

1 | Etwas Öl in einer Pfanne erhitzen, die Fischstäbchen darin bei mittlerer Hitze ca. 8 Min. knusprig anbraten, dabei mehrfach wenden.

2 | Inzwischen 150 g Öl in ein separates Gefäß einwiegen und beiseitestellen. Halbierte Zwiebel, Gewürzgurken sowie die Dillspitzen in den geben und **4 Sek. | Stufe 6** zerkleinern, dann in eine Schüssel umfüllen.

3 | Milch, Senf, Zitronensaft, Salz und Pfeffer in den geben und alles **2 Min. | Stufe 4** vermengen, dabei das Öl bei eingesetztem Messbecher langsam auf den Deckel des gießen und die Zutaten emulgieren. Schmand sowie den Zwiebel-Gurken-Dill-Mix hinzufügen und alles **10 Sek. | Stufe 3** vermengen.

4 | Die Brötchen einschneiden und mit der Remoulade, je 1 Salatblatt, Gurke, je 3 Fischstäbchen und Zwiebelringen belegen. Mit weiterer Remoulade beträufeln und servieren.

SANDWICHCREME

Unsere selbst gemachte Club-Sandwich-Creme gelingt im Monsieur Cuisine ruck, zuck. Nach dem Zerkleinern von Zwiebel, Knoblauch und Tomaten gebt ihr nur noch den Frischkäse dazu und verrührt alles cremig. Die Creme schmeckt natürlich auch auf Brötchen oder Bauernbrot. Ihr könnt sie 1–2 Tage kalt stellen und weitere Brotzeiten damit verfeinern.

15 MINUTEN

New-York-Club-Sandwich

LOW CARB | LOW FAT

PRO PORTION: 741 KCAL | 31 G E | 40 G F | 66 G KH

ZUTATEN FÜR 4 PERSONEN

- **4 Eier**
- **12 Scheiben Toastbrot**
- **1 kleine Zwiebel, halbiert**
- **1 kleine Knoblauchzehe**
- **80 g getrocknete Tomaten, in Öl (Glas), abgetropft**
- **300 g Frischkäse**
- **8 Salatblätter**
- **100 g hauchzarter Schinken (z.B. „Finesse" von Herta)**
- **2 Tomaten, in Scheiben**

AUSSERDEM

- **8 Fingerfood-Picker**

1 Die Eier in kochendem Wasser 9–10 Min. kochen. Dann abschrecken, pellen und in Scheiben schneiden. Inzwischen die Toastbrotscheiben nacheinander toasten.

2 Zwiebel, Knoblauch sowie Tomaten in den [Mixbehälter] geben und **4 Sek.** | **Stufe 6** zerkleinern. Mit dem [Spatel] nach unten schieben. Frischkäse zufügen, alles **20 Sek.** | **Stufe 3** vermengen.

3 4 Scheiben Toast mit der Hälfte der Creme bestreichen und mit je 1 Salatblatt, dem Schinken sowie den Eiern belegen. Weitere 4 Scheiben mit übriger Creme bestreichen und auf die belegten Toastscheiben legen.

4 Mit je 1 Salatblatt sowie Tomatenscheiben belegen. Die letzten 4 Scheiben Toast als Deckel auflegen. Die Sandwiches diagonal halbieren und die Hälften jeweils mit 1 Picker fixieren. Die Sandwiches servieren.

15
MINUTEN

Gyros-Wrap

LOW CARB LOW FAT

PRO PORTION: 438 KCAL | 37 G E | 18 G F | 34 G KH

ZUTATEN FÜR 4 PERSONEN

- ⭑ 3 EL Sonnenblumenöl
- ⭑ 500 g Geschnetzeltes (z.B. vom Hähnchen)
- ⭑ 1 rote Zwiebel, halbiert und in Ringen
- ⭑ 2 EL Gyrosgewürz (z.B. von „Just Spices")
- ⭑ Salz
- ⭑ frisch gemahlener schwarzer Pfeffer
- ⭑ 100 g Weißkohl, in Stücken
- ⭑ ½ Gurke, geviertelt und in Scheiben
- ⭑ 2 Knoblauchzehen
- ⭑ 200 g Sahnejoghurt
- ⭑ 1 EL Zitronensaft
- ⭑ 4 Weizentortillas (Wraps)
- ⭑ 4 Blätter Eisbergsalat, in Streifen
- ⭑ 1 Tomate, in Stücken

1 Für das Gyros das Öl in einer großen Pfanne erhitzen. Das Geschnetzelte darin bei starker Hitze 2–3 Min. scharf anbraten. Die Hälfte der Zwiebelringe und Gyrosgewürz dazugeben und das Fleisch bei mittlerer Hitze 6–7 Min. weiterbraten. Mit Salz und Pfeffer abschmecken.

2 Inzwischen Weißkohl in den geben und **6 Sek.** | **Stufe 4** zerkleinern. Umfüllen. Hälfte der Gurke in den geben, **3 Sek.** | **Stufe 6** zerkleinern. In ein Sieb umfüllen und gut ausdrücken.

3 Knoblauch in den geben und **2 Sek.** | **Turbo** zerkleinern. Mit dem nach unten schieben. Joghurt, Gurkenraspel, Zitronensaft, ½ TL Salz sowie 2 Prisen Pfeffer dazugeben und alles **15 Sek.** | **Stufe 3** vermengen.

4 Die Wraps mit Eisbergsalat, Gyros, Weißkohl, Tomate, restlichen Gurkenscheiben und Zwiebelringen belegen, dann mit Zaziki beträufeln, einschlagen und servieren.

Lukas Rezeptentwickler

COOLE KOMBIS

Einige Gerichte verbinde ich mit guten Erinnerungen an meine Kindheit, weshalb ich sie auch einfach liebe. Dazu gehören zum Beispiel Fischstäbchen und Gyros. Für mich darf es aber auch gern mal eine andere Art der Präsentation oder Kombination sein. Warum also nicht Fischstäbchen im Hotdog und Gyros im Wrap? Diese Ideen zeigen, dass auch Klassiker das Potenzial zu wahren Trendsettern haben. Ich hoffe, sie gefallen euch!

monsieur cuisine by ZauberMix

News

Wer **ZauberMix** kennt, weiß, dass kein Tag vergeht, an dem es nicht etwas Spannendes zu berichten gibt. Erfahrt hier alles Wichtige!

SMARTER KOCHEN!

Mit dem Monsieur Cuisine in der Küche könnt ihr all eure Lieblingsrezepte bequem selbst kochen. Wie das wirklich leicht und zeitsparend gelingt, sodass ihr auf teure Fertigprodukte verzichten könnt, erfahrt ihr in unserem neuen Kochbuch „Günstig & lecker". Mit 65 Rezepten unter 4 Euro pro Portion und vielen genialen Tipps kocht ihr clever und superlecker. Das Kochbuch ist ab dem 1. Juni 2023 für nur 14,90 Euro unter www.zaubertopf-shop.de erhältlich. Ihr möchtet eine Erinnerung bekommen, sobald das Buch verfügbar ist? Dann meldet euch für unseren kostenlosen **ZauberMix**-Newsletter an und erhaltet eine Info von uns. Bitte hier entlang: www.zaubermix.de/news

Trick 17

Wer häufiger Fisch oder Geflügel im flachen Dampfgaraufsatz zubereitet, kennt es: Eiweiß tropft während des Garens durch die Luftschlitze auf das Gemüse darunter. Ihr könnt dafür jedes Mal Backpapier zuschneiden – oder einfach eine Dauerbackfolie verwenden. Sie passt exakt und lässt an den Seiten die Schlitze frei, sodass ausreichend Dampf in den flachen Dampfgaraufsatz gelangt. Der Aufsatz bleibt sauber und der Abwasch ist schneller erledigt. „WunderGar® Permanent", 8,95 Euro, www.zaubertopf-shop.de

MAGAZIN-ARCHIV

Digital stöbern, lesen & staunen

Wusstet ihr, dass ihr in der Premiumversion der **ZauberMix** App jede Ausgabe unseres Magazins findet? Hier könnt ihr bequem durch die jeweils aktuelle Ausgabe blättern und auch durch alle früheren Magazine stöbern. Sogar die Spezialausgaben und die Kochbücher rund um den Monsieur Cuisine sind Teil des Pakets. Insgesamt erhaltet ihr mit der **ZauberMix** App so Zugriff auf Lesestoff im Wert von über 100 Euro pro Jahr! Die App findet ihr natürlich im Apple App Store und Google Play Store.

Fotos: www.stockfood.de/PhotoCuisine (1); Archiv (10); Désirée Peikert (1)

Tipp

EUER SMOOTHIE MAKER

Superluftig und superlecker

Wer kennt es nicht: Ein Apfel ist übrig und schrumpelig, eine Banane ist schon zu braun zum Essen und im Tiefkühler befindet sich noch ein kleiner Rest TK-Früchte. Diese Reste sind perfekt geeignet für einen schnellen Smoothie oder Shake aus dem Mixtopf! Das ideale Mischverhältnis von Früchten zu Flüssigkeit beträgt 2 : 1, also 2 Teile Obst, 1 Teil Milch(-alternative), Saft oder Joghurt. Wiegt also einfach eure Obstreste in den [Waage-Symbol] ein und gebt die Hälfte des Gewichts an Flüssigkeit dazu. Nun noch **1 Min. | Stufe 10** pürieren, fertig ist die Erfrischung und ihr habt alle Lebensmittel verbraucht!

Süße Grüße

Am 14. Mai ist Muttertag! Liebevolle Ideen für die beste Mama der Welt teilen wir auf Instagram!

@monsieurcuisinerezepte

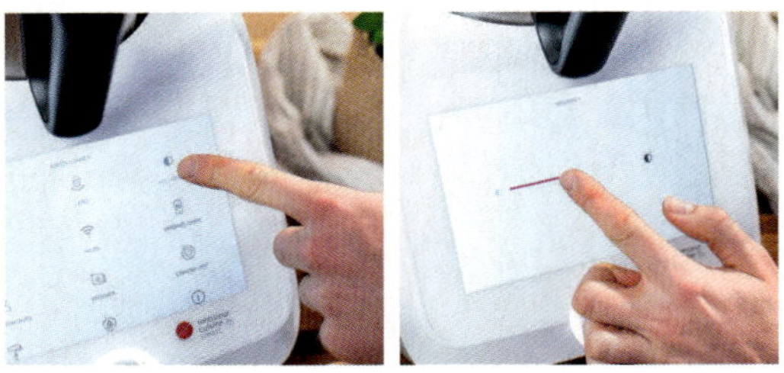

Es blendet?

Steigt der Sonnenstand, könnt ihr die Helligkeit des Displays an die Lichtverhältnisse anpassen. Unter den Einstellungen „Display" wählen und variieren.

Zum Gratis-Download

WIE LANGE HÄLT DAS EIGENTLICH?

Wer einen Monsieur Cuisine besitzt, macht oft viel mehr selbst als Haushalte ohne die vielseitige Küchenmaschine. Selbstgemachtes hat jedoch kein aufgedrucktes Mindesthaltbarkeitsdatum. Daher erhalten wir häufig Fragen zur Haltbarkeit oder Lagerfähigkeit von selbst gemixten Leckereien wie Soßen, Dips, Likören oder Apfelmus. Die Liste der Basics ist wirklich lang. In diesem Extra *„So lange bleiben Gemüsepaste, Mayo & Co. frisch"* findet ihr unsere Tipps und Hinweise zusammengefasst. Die kostenlose Broschüre könnt ihr auch **jetzt gleich herunterladen: www.zaubermix.de/haltbarkeit**

So easy!

ONE BLECH

Wir finden: Je einfacher, desto besser – daher lieben wir diesen neuen Trend! Beste Zutaten geben wir kurzerhand aufs Backblech, dann heißt es: Ab in den Ofen und später nur noch genießen

Rezepte: Vera Schubert
Fotos & Rezepte: Tina Bumann

SELBSTGÄNGER

Dieses Rezept macht großen Eindruck. Dabei kocht es sich fast von selbst! Der Monsieur bereitet die Hackbällchen vor und rührt die Tomatensoße für euch an, der Ofen erledigt den Rest. Entspannt!

Hackbällchen „Toskana" vom Blech

00:40 std:min

LOW CARB LOW FAT

PRO PORTION: 885 KCAL | 51 G E | 49 G F | 62 G KH

ZUTATEN FÜR 4 PERSONEN

- **2 rote Zwiebeln, halbiert**
- **4 Knoblauchzehen**
- **600 g gemischtes Hackfleisch**
- **60 g Paniermehl**
- **1 Ei**
- **2 EL getrocknete italienische Kräuter**
- **Salz**
- **frisch gemahlener schwarzer Pfeffer**
- **2 EL natives Olivenöl extra zzgl. etwas mehr zum Bearbeiten**
- **1 EL Tomatenmark**
- **800 g stückige Tomaten (Dose)**
- **250 g Mini-Mozzarellakugeln**
- **Basilikum zum Garnieren**
- **1 Baguette, in Scheiben**

1 | 1 Zwiebel und 2 Knoblauchzehen in den geben und **5 Sek.** | **Stufe 7** zerkleinern. Mit dem nach unten schieben. Hackfleisch, Paniermehl, Ei, die Hälfte der italienischen Kräuter, 1 TL Salz sowie 2 Prisen Pfeffer hinzufügen und **1 Min.** | vermischen.

2 | Aus der Hackfleischmischung mit leicht eingeölten Händen ca. 16 Fleischbällchen formen und auf einem Backblech verteilen. Den spülen. Den Backofen auf 200 °C Umluft vorheizen.

3 | Übrige Zwiebel mit Rest Knoblauchzehen in den geben und **5 Sek.** | **Stufe 7** zerkleinern. Mit dem nach unten schieben. Olivenöl sowie Tomatenmark zufügen, alles **2 Min.** | **Stufe 1** | **120 °C** dünsten. Stückige Tomaten, 1 TL Salz, 2 Prisen Pfeffer sowie übrige italienische Kräuter dazugeben und alles in **15 Sek.** | **Stufe 3** zu einer Soße vermengen.

4 | Die Soße zu den Hackbällchen auf das Backblech geben. Bällchen im heißen Ofen ca. 20 Min. backen, dabei ca. 5 Min. vor Ende der Garzeit die Mozzarellakugeln auf dem Blech verteilen. Nach dem Backen alles mit Basilikum garnieren und mit Baguettescheiben servieren.

>TIPP Anstelle von frischem Baguette könnt ihr auch Baguettes zum Aufbacken verwenden. Diese ca. 10 Min. vor Ende der Backzeit auf dem Rost mit in den Ofen schieben.

LOCKER & LECKER
Das Geheimnis einer luftigen Focaccia ist das kräftige Kneten des Hefeteigs. Das macht der Monsieur mit links. Die Toppings aus Käse und Tomatensoße sind während der Ruhezeit ebenfalls schnell gemixt.

Focaccia-Pizza

00 30 std : min

LOW CARB LOW FAT

PRO PORTION: 828 KCAL | 31 G E | 36 G F | 97 G KH

ZZGL. 2 STD. 30 MIN. RUHEZEIT

ZUTATEN FÜR 4 PERSONEN

FÜR DEN TEIG
- **300 g Wasser**
- **20 g frische Hefe**
- **1 Prise Zucker**
- **500 g Weizenmehl Type 405**
- **50 g natives Olivenöl extra zzgl. etwas mehr zum Fetten**
- **Salz**

FÜR DEN BELAG
- **150 g Gouda, in Stücken**
- **50 g Parmesan, in Stücken**
- **2 Knoblauchzehen**
- **200 g passierte Tomaten**
- **1 EL getrocknete italienische Kräuter**
- **125 g Mozzarella, in Scheiben**
- **Basilikum zum Garnieren**

1 | Für den Teig Wasser, Hefe und Zucker in den geben, **2 Min. | Stufe 2 | 37°C** erwärmen. Mehl, Öl sowie 2 TL Salz hinzufügen und den Teig **2 Min.** | kneten. Den Teig in eine Schüssel umfüllen, abdecken und ca. 2 Std. ruhen lassen. Den spülen.

2 | Ein Backblech mit reichlich Olivenöl einfetten. Den Teig auf das Backblech geben und mit den Händen in eine rechteckige Form drücken. Teig erneut ca. 30 Min. ruhen lassen.

3 | Inzwischen für den Belag Gouda und Parmesan in den geben und **8 Sek. | Stufe 10** zerkleinern. Umfüllen und beiseitestellen. Knoblauch in den geben und **2 Sek. | Turbo** zerkleinern. Mit dem nach unten schieben. Tomaten, Kräuter sowie 1 TL Salz dazugeben und alles **10 Sek. | Stufe 3** vermengen. Den Backofen auf 250 °C Umluft vorheizen.

4 | Teig mit etwas Olivenöl bepinseln und mit den Fingerspitzen kleine Löcher hineindrücken. Teig im heißen Ofen ca. 10 Min. vorbacken.

5 | Die Focaccia aus dem Ofen nehmen. Mit Tomatensoße bestreichen, mit zerkleinerter Käsemischung bestreuen und mit Mozzarella belegen. Im Ofen in 8–10 Min. fertig backen. Mit Basilikum garniert servieren.

Kartoffel-Spargel-Rösti vom Blech

00 45 std : min

LOW CARB LOW FAT

PRO PORTION: 682 KCAL | 26 G E | 31 G F | 77 G KH

ZUTATEN FÜR 4 PERSONEN

FÜR DEN RÖSTI
- **1 EL natives Olivenöl extra zzgl. etwas mehr zum Einölen und Beträufeln**
- **500 g grüner Spargel, in kleinen Stücken**
- **2 Zwiebeln, halbiert**
- **1 Knoblauchzehe**
- **1000 g Kartoffeln, in Stücken**
- **4 Eier**
- **100 g Weizenmehl Type 405**
- **Salz**
- **frisch gemahlener schwarzer Pfeffer**
- **1 Prise frisch geriebene Muskatnuss**
- **200 g Feta, in Stücken**

FÜR DEN SALAT
- **500 g Cocktailtomaten, halbiert**
- **1 Zwiebel, geviertelt und in Streifen**
- **3 EL natives Olivenöl extra**
- **2 EL dunkler Balsamicoessig**
- **1 TL Honig**
- **10 g Basilikumblättchen, in Streifen**

1 | Den Backofen auf 180 °C Ober-/Unterhitze vorheizen. Ein Backblech mit Backpapier belegen und leicht einölen.

2 | Spargel in den geben, **5 Sek. | Stufe 6** zerkleinern und umfüllen. Zwiebeln und Knoblauch in den geben, **5 Sek. | Stufe 7** zerkleinern, mit dem nach unten schieben. Öl zufügen und beides **2 Min.** | andünsten.

3 | Kartoffeln, Eier, Mehl, 1 TL Salz, 2 Prisen Pfeffer sowie Muskatnuss zugeben und alles **8 Sek. | Stufe 5** zerkleinern, dabei ggf. mit dem nachhelfen. Die Masse in eine große Schüssel umfüllen und die Spargelraspel unterheben.

4 | Die Röstimasse auf dem Blech verteilen, mit etwas Öl beträufeln und mit Feta bestreuen. Im heißen Ofen ca. 35 Min. backen. Inzwischen alle Zutaten für den Salat in einer Schüssel vermengen und mit 2 Prisen Salz sowie 1 Prise Pfeffer würzen. Rösti aus dem Ofen nehmen, in Stücke schneiden und mit dem Salat servieren.

>GENIAL Der Monsieur benötigt nur wenige Sekunden zum „Raspeln" des Gemüses. Damit liegt er in der Effizienzklasse in unseren Augen auf Platz 1 aller Küchenhelfer.

French Toast XXL

00 45 std : min

LOW CARB LOW FAT

PRO PORTION: 687 KCAL | 25 G E | 28 G F | 84 G KH

ZZGL. 8 STD. RUHEZEIT

ZUTATEN FÜR 4 PERSONEN

FÜR DIE FRENCH TOASTS
- 400 g Milch
- 4 Eier
- 2 EL Zimtzucker
- 1 TL Vanilleextrakt
- 1 Prise Salz
- 1 EL Butter zum Fetten
- 16 Scheiben Toastbrot

FÜR DAS TOPPING
- 500 g Sahnejoghurt
- 1 EL Honig
- 1 TL selbst gemachter Vanillezucker
- 2 EL Zimtzucker
- 250 g gemischte Beeren (z.B. Blaubeeren und Himbeeren)
- 1 Handvoll Physalis, halbiert

1 | Für den French Toast Milch, Eier, Zimtzucker, Vanilleextrakt sowie Salz in den Mixtopf geben und alles **30 Sek. | Stufe 4** verquirlen. Ein Blech oder alternativ eine große Auflaufform mit Butter einfetten, die Hälfte der Milch-Ei-Mischung hineingießen und die Toastscheiben darauf verteilen. Mit der übrigen Mischung beträufeln und abgedeckt über Nacht in den Kühlschrank stellen. Den Mixtopf spülen.

2 | Am nächsten Tag den Backofen auf 180 °C Ober-/Unterhitze vorheizen. Das Blech bzw. die Form in den heißen Ofen schieben und den Toast in 30–35 Min. knusprig backen.

3 | Inzwischen für das Topping Sahnejoghurt, Honig sowie Vanillezucker in den Mixtopf geben und **20 Sek. | Stufe 4** vermengen. Den French Toast aus dem Ofen nehmen, mit Zimtzucker bestreuen und mit Joghurtdip sowie frischen Beeren und Physalis garniert servieren.

>INFO French Toast ist eines der beliebtesten Frühstücksgerichte der US-Amerikaner*innen. Dort bekommt man die softe Brotspeise klassisch aus der Pfanne und meist mit Butter und Ahornsirup serviert. Uns gefällt die frische Frühsommervariante, weil sie im Ofen gebacken wird und so für alle gleichzeitig fertig ist statt nacheinander. Zudem sorgen Joghurtdip und Früchte für eine tolle Optik und liefern uns schon zum Frühstück eine große Portion Vitamine.

Tortellini Italiana vom Blech

00 30 std : min

LOW CARB LOW FAT

PRO PORTION: 721 KCAL | 28 G E | 16 G F | 97 G KH

ZUTATEN FÜR 4 PERSONEN

- 2 rote Zwiebeln, halbiert
- 3 Knoblauchzehen
- 800 g passierte Tomaten
- 1 EL getrocknete italienische Kräuter
- 1½ TL Salz
- 3 Prisen frisch gemahlener schwarzer Pfeffer
- 1000 g Tortellini mit Spinat-Ricotta-Füllung (Kühlregal)
- 125 g Cocktailtomaten, halbiert
- 1 Zucchini, in Stücken
- 50 g Parmesan, gerieben
- Basilikum zum Garnieren

1 | Den Backofen auf 180 °C Umluft vorheizen. Zwiebeln und Knoblauch in den Mixtopf geben, **5 Sek. | Stufe 7** zerkleinern und mit dem Spatel nach unten schieben. Passierte Tomaten, Kräuter, Salz sowie Pfeffer hinzufügen und die Soße **20 Sek. | Stufe 3** vermengen.

2 | Die Soße auf ein tiefes Blech gießen. Die Tortellini auf dem Blech verteilen, sodass sie in der Soße liegen. Cocktailtomaten und Zucchini darauf verteilen und alles im heißen Ofen ca. 25 Min. backen.

3 | Das Blech aus dem Ofen nehmen. Tortellini mit dem Parmesan bestreuen, mit Basilikum garnieren und servieren.

>VARIANTE Statt der Tortellini aus dem Kühlregal könnt ihr auch getrocknete Tortellini verwenden. Gart diese im Monsieur vor, bevor ihr sie zur Soße aufs Blech gebt. Dazu 1500 g Wasser und 2 TL Salz in den Mixtopf geben, **12 Min. | Stufe 1 | 100 °C** aufkochen, Tortellini hinzugeben und **nach Packungsangabe | Linkslauf | Stufe 1 | 90 °C** kochen.

>SATTMACHER Dieses Gericht ist auch perfekt, wenn ihr Gäste erwartet. Bereitet von allem die doppelte Menge zu und verteilt alles auf zwei Bleche. So werden mit minimalem Aufwand bis zu acht Personen satt!

SAUBERE SACHE

Für dieses Rezept benötigt ihr neben Blech oder Auflaufform nur den [Mixtopf-Symbol]. Darin rührt ihr die Milch-Ei-Mischung wie auch das Topping an. Bequemer geht's nicht. Und: Die Küche bleibt sauber!

Für euch entdeckt …

Welche praktischen Zubehöre für den Monsieur Cuisine noch mehr aus eurem Zaubertopf herausholen, seht ihr hier!

FÜR LÖFFELDESSERTS

Gläser „Magic“, 4er-Set

Die hübschen Gläser eignen sich ideal für unsere Desserts ab Seite 58, sie passen aber auch in den Dampfgarer, um kleine Leckereien zu garen.

23,90 €

DECKEL HOCH!

Liftix® Saugnapf

Simpel und wirkungsvoll: Mit dem großen Griff des Silikonsaugnapfs lässt sich der Deckel des Dampfgarers einfach anheben.

12,95 €

MACHT EUCH DAS KOCHEN BEQUEM!

FRISCH GEPRESST

WunderJuicer®

Ein Glas Orangensaft, frisch gepresste Limette für einen Cocktail oder herrlich saurer Zitronensaft für das hausgemachte Lemon Curd: Wer Zitrusfrüchte mag, kommt mit der Saftpresse für den Monsieur Cuisine noch schneller zum spritzigen Fruchtsaft!

Der Aufsatz presst frischen Saft ohne Kraftaufwand, und der Monsieur fängt dabei in einem Durchgang bis zu 3 Liter auf. Kompatibel für Connect, Trend & Smart.

39,95 €

UNVERZICHTBAR!

Reinigungsbürsten, 3er-Set

Die Mixtopf-Spülbürsten eignen sich ideal für die tägliche Reinigung. Im Set: dunkelgrau, hellgrau und dunkelblau.

9,95 €

LUST AUF LEICHT!

Kochbuch „Low Carb“

Mit diesen Schlemmergerichten zeigen wir, wie köstlich leichte Gerichte im Monsieur gelingen.

14,99 €

HOCHGLANZ

Reinigungsmittel für Monsieur Cuisine

Die Edelstahlpflege „Knallhart“ bringt den Edelstahl-Mixtopf zum Strahlen, der Universalreiniger „Glanzleistung“ pflegt Grundgerät und Zubehöre aus Kunststoff. In der Sprühflasche „Gute Mischung“ könnt ihr das Konzentrat mit Wasser verdünnt perfekt auf alle Oberflächen aufbringen – für tägliche Frische in der Küche. Das antibakterielle Mikrofasertuch „Multitalent“ ist bei allem zur Hand.

Ab 6,50 €

Mit den richtigen Helfern läuft's rund

New!

FRISCHE IM TOPF

WunderCover® Deckel

Der Deckel verwahrt Speisen im Mixtopf luftdicht und somit frisch. Perfekt zum Lagern oder Mitnehmen – zum Beispiel für den Grillsalat! Geniale Zusatzfunktion: Wiegen auf dem Mixtopf! Der Deckel mit der Vertiefung eignet sich auch, um darauf Zutaten abzuwiegen, ohne den Mixtopf dafür verwenden zu müssen.

24,95 €

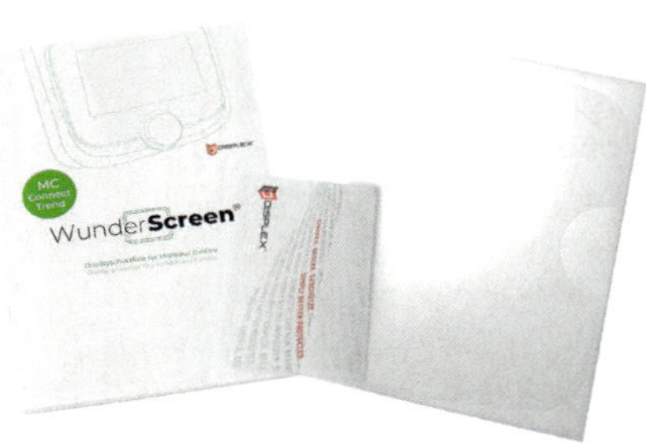

KLARE SICHT

WunderScreen®

Das passgenaue Hybrid-Glas schützt das Display von Trend und Connect vor Kratzern, Stößen und Brüchen.

15,95 €

Fotos: Archiv; Kathrin Knoll und Anna Gieseler

PERFEKTE PARTNER

Schneidebrett „Roll“

Schneiden, falten, umfüllen – mit „Roll“ geht beim Befüllen des Mixtopfs nichts mehr daneben! Mit dem handlichen Schneidebrett aus Lamellen könnt ihr Zutaten gezielt in den Mixtopf geben – auch direkt durch die Deckelöffnung. Anschließend könnt ihr das aufgerollte Brett dank Magnetverschluss platzsparend in der Schublade oder aufrecht stehend lagern.

26,95 €

Süsses ZUM LÖFFELN

Unsere vier neuen Dessertideen
sind herrlich erfrischend. Das Beste an ihnen:
Sie zergehen auf der Zunge!

Rezepte: Vera Schubert | Fotos & Styling: Kathrin Knoll

Mascarpone-Kaffee-Creme

00 | 10 std : min

PRO PORTION: 527 KCAL | 6 G E | 49 G F | 19 G KH

ZUTATEN FÜR 6 GLÄSER À 220 ML

- **500 g Mascarpone**
- **250 g Sahne**
- **50 g Zucker**
- **15 g Instant-Kaffeepulver**
- **20 g selbst gemachter Vanillezucker**
- **2 EL Amaretto**
- **Kakaopulver zum Bestäuben**
- **Haselnusskrokant zum Garnieren**

1 | Den Rühraufsatz einsetzen. Alle Zutaten für die Creme in den Mixtopf geben und ohne Zeiteinstellung **Stufe 4** unter Sichtkontakt steif schlagen, dabei nicht zu lange rühren, sonst flockt die Creme aus.

2 | Den Rühraufsatz entnehmen. Die Kaffeecreme in die Gläser umfüllen. Mit Kakao bestäubt und etwas Krokant garniert servieren.

„Solero“ zum Löffeln

00 10 std : min

LOW CARB LOW FAT

PRO PORTION: 316 KCAL | 7 G E | 21 G F | 26 G KH

ZZGL. 30 MIN. RUHEZEIT

ZUTATEN FÜR 6 GLÄSER À 250 ML

- 240 g Pfirsiche (Dose), abgetropft
- 100 g Maracujanektar
- 20 g selbst gemachter Vanillezucker
- 1 Pck. Dessertsoße Vanille ohne Kochen
- 300 g Sahne
- 3 EL Zucker
- 2 Pck. Sahnesteif
- 750 g Joghurt
- Fruchtfleisch von 1 Mango, in ca. 1 cm großen Würfeln
- Minze zum Garnieren

1 | Für die Fruchtsoße Pfirsiche, Nektar, Vanillezucker sowie Soßenpulver in den geben und alles **30 Sek. | Stufe 8** pürieren. Umfüllen und beiseitestellen. Den ausspülen.

2 | Sahne, Zucker und Sahnesteif in den füllen. Den Rühraufsatz einsetzen und die Sahne ohne Zeiteinstellung **Stufe 4** unter Sichtkontakt steif schlagen.

3 | Joghurt hinzufügen und alles **10 Sek. | Stufe 3** vermengen. Den Rühraufsatz entnehmen. Joghurtcreme, Fruchtsoße sowie Mangowürfel in die Gläser schichten und ca. 30 Min. kalt stellen. Mit Minze garniert servieren.

IN WENIGEN MINUTEN
richtig viel Genuss!

Käsekuchencreme mit Himbeersoße

00 15
std : min

LOW CARB | LOW FAT

PRO PORTION: 577 KCAL | 18 G E | 39 G F | 38 G KH

ZUTATEN FÜR 6 GLÄSER À 165 ML

- 200 g weiße Schokolade, in Stücken
- 150 g Sahne
- 400 g Frischkäse
- 350 g Quark
- 50 g Zucker
- Mark von ½ Vanilleschote
- 300 g Himbeeren
- 1 EL Zitronensaft

1 | Die Schokolade in den Mixtopf geben, **12 Sek. | Stufe 8** zerkleinern und mit dem Spatel nach unten schieben. 6 TL Schokolade umfüllen. Die Sahne in den Mixtopf geben und die Schokolade in **4 Min. | Stufe 1 | 60 °C** darin schmelzen lassen.

2 | Frischkäse, Quark, Zucker sowie Vanillemark hinzufügen und alles **20 Sek. | Stufe 5** cremig rühren. Creme in die Gläser umfüllen. Den Mixtopf ausspülen.

3 | 200 g Himbeeren und Zitronensaft in den Mixtopf geben und **30 Sek. | Stufe 6** pürieren. Die Himbeersoße auf der Creme verteilen, mit übrigen Himbeeren und der beiseitegestellten weißen Schokolade garnieren. Dessert entweder kalt stellen oder direkt servieren.

SO SEIDIG WIRD'S NUR *im Monsieur Cuisine*

KNACKIGES TOPPING
auf softer Creme

Schoko-Banane zum Löffeln

00 20 std : min

LOW CARB LOW FAT

PRO PORTION: 217 KCAL | 12 G E | 7 G F | 28 G KH

ZZGL. 3 STD. RUHEZEIT

ZUTATEN FÜR 6 GLÄSER À 200 ML

- **300 g reife Bananen, in Stücken**
- **20 g Honig**
- **2 EL Zitronensaft**
- **500 g Skyr**
- **200 g Joghurt**
- **1 TL Vanilleextrakt**
- **100 g Zartbitterschokolade, in Stücken**

1 Bananen, Honig sowie Zitronensaft in den [Mixtopf] geben und **10 Sek. | Stufe 6** pürieren. Skyr, Joghurt sowie Vanilleextrakt dazugeben und alles **15 Sek. | Stufe 6** verrühren. Den Bananenquark in die Gläser füllen, die Oberflächen glatt streichen. Quark kalt stellen. Den [Mixtopf] ausspülen und trocknen.

2 Die Schokolade in den [Mixtopf] geben und **10 Sek. | Stufe 8** zerkleinern. Mit dem [Spatel] nach unten schieben und **5 Min. | Stufe 1 | 50 °C** schmelzen lassen. Geschmolzene Schokolade auf dem Quark verteilen, sodass eine dünne Schicht entsteht. Das Dessert vor dem Servieren ca. 3 Std. kalt stellen.

AUCH HIER ERHÄLTLICH
amazon.de
978-3-96417-227-3

EINFACHER CLEVER KOCHEN

Ihr wollt die geballte Power eures Monsieur nutzen? Entdeckt neue Lieblingsrezepte, die ganz ohne Herd und Ofen gelingen. Freut euch auf geniale One-Pots, klassische Fleisch- und Gemüsegerichte mit Kartoffeln, Reis und Soßen sowie superleckere Desserts. Mit dabei: jede Menge wirklich hilfreiche Mix-Tricks.

LESEPROBE

Wenig Aufwand, wenig Abwasch, viel Genuss. Mit 60 köstlichen All-in-one-Gerichten erlebt ihr, wie bequem der Monsieur für mehr Abwechslung sorgt

GNOCCHI MIT GORGONZOLASOSSE

LOW CARB | LOW FAT

Pro Portion: 742 kcal | 20 g E | 33 g F | 90 g KH | *für 4 Personen* | 00 : 30 std : min

Einkaufsliste

1000 g	*Wasser*
1000 g	*frische Gnocchi (Kühlregal)*
60 g	*getrocknete Tomaten zzgl. etwas mehr zum Garnieren*
250 g	*Sahne*
½ TL	*Gemüse-Gewürzpaste*
160 g	*Gorgonzola, in Stücken*
100 g	*Babyspinat*
	frisch gemahlener schwarzer Pfeffer

1 Wasser in den einwiegen. Den Dampfgaraufsatz aufsetzten und die Gnocchi darin verteilen. Mit dem Deckel verschließen und **10 Min.** | garen. Den Dampfgaraufsatz abnehmen und beiseitestellen. Den leeren, dabei 150 g Garflüssigkeit auffangen.

2 Tomaten in den geben, **10 Sek.** | **Stufe 9** zerkleinern. 150 g Garflüssigkeit, Sahne und Gewürzpaste dazugeben, alles **4 Min.** | **Stufe 1** | **100 °C** aufkochen lassen. Gorgonzola in den geben und die Soße **3 Min.** | **Stufe 3** | **100 °C** vermengen.

3 Spinat und Gnocchi hinzufügen, vorsichtig mit dem untermengen und mit Pfeffer und getrockneten Tomaten garniert servieren.

MEINE *Geheimtipps*

Chefredakteurin Vivien hält immer Ausschau nach Schönem und Praktischem. Was sie diesen Frühsommer begeistert, erfahrt ihr hier!

ERFRISCHENDE PAUSE

Ich gehöre zu jenen, die Leitungswasser trinken statt Wasser aus dem Getränkemarkt. Es schmeckt mir einfach! Ich fülle das Wasser immer in eine Karaffe, das sieht auf dem Tisch hübscher aus als jede gekaufte Flasche und animiert mich, häufiger etwas zu trinken. Das Exemplar „Pilastro“ von Stelton hat es mir angetan, denn das dazugehörige Glas dient zugleich als Deckel. Perfekt für den Schreibtisch im Homeoffice oder auch für die Mittagspause auf der Terrasse. Ca. 50 Euro, www.stelton.de

MMMH, GREEN-GODDESS-SALAT

Die angesagte Alternative zum Brokkolisalat: ein blitzschneller Salat auf Weißkohl- und Gurkenbasis mit selbst gemachtem Spinat-Kräuter-Pesto. Das Rezept findet ihr auf www.zaubermix.de oder auf unserem Instagram-Channel unter @monsieur cuisinerezepte

Immer wieder (m)ein Highlight

MEIN HEFE-HELD

Ich habe schon immer gern Gebäck mit Hefeteig zubereitet. Als ich erstmals erfuhr, dass es mit dem Monsieur Cuisine perfekt gelingen sollte, war ich skeptisch. Seit ich ihn diesen Arbeitsschritt übernehmen ließ, weiß ich, dass ich ihm absolut vertrauen kann. Noch immer freue ich mich über das grandiose Ergebnis, wenn ich den Deckel öffne. Hier habe ich übrigens den Boden für unseren klassischen Streuselkuchen zubereitet.

STREUSELKUCHEN

Das einfache, köstliche Gebäck findet ihr natürlich unter www.zaubermix.de

So eine schöne Idee

KRÄUTERSTECKER, SELBST GEMACHT

Diese Bastelidee lief mir kürzlich über den Weg und ich fand sie wunderbar. Zum einen weil das Ergebnis seinen Zweck erfüllt, zum anderen weil die Herstellung so unkompliziert ist! Die kleinen Pflanzenschildchen sind aus „FIMO soft" von Staedtler gemacht, das etwa 5mm dick ausgerollt und mit Buchstabenstempeln bedruckt wird. Daraus werden 10 cm lange und 1,5 cm breite Streifen mit Spitze geschnitten, die bei 110 °C im Ofen aushärten. Eine genaue Bastelanleitung und das Bastelzubehör findet ihr unter www.staedtler.de

Wenn das Leben mir Zitronen gibt …

… dann habe ich gleich mehrere Verwendungszwecke.

Nummer 1: Aus viel Saft wird Lemon Curd, wenig Saft gebe ich an Obstsalat und Erdbeerkonfitüre. Zesten verfeinern Käsekuchen und Waffeln.

Nummer 2: Dünne Scheiben lege ich mit in die Wasserkaraffe für „infused Water".

Nummer 3: Mit den Schalenresten entkalke ich den Mixtopf, indem ich damit einmal über den Stahl reibe. Abwaschen, fertig. Nächste Zitrone, bitte!

Aus meiner eigenen Ernte

SÜSSE SOMMERBOTEN

Schon als Kind hatte ich meine eigene Reihe kleiner Erdbeerpflänzchen im Gemüsebeet. Daran hingen zur Saison gerade genug Früchtchen, um jeden Tag ein oder zwei zu naschen. Um Konfitüre zu kochen, fuhren wir aufs Feld, um körbeweise Beeren zu pflücken. Im eigenen Garten habe ich natürlich auch wieder Erdbeerpflanzen. Jetzt sind es genug, damit sie zweimal in der Woche eine kleine Portion – siehe rechts – bereithalten, die ich gern zu Joghurt serviere oder einkoche. Am besten gefallen mir die ganz kleinen Exemplare, sie sind einfach besonders süß – in jeder Hinsicht.

Fotos: Stelton (2); Sandra Leibinger (1); Désirée Peikert (1); Staedtler (1); Anne Beckwilm (1); Anna Gieseler (2); Vivien Koitka (2)

¡Viva MÉXICO!

Ab jetzt gibt's auch zu Hause fantastische Empanadas, Fajitas, Mojitos und mehr wie im Urlaub

Rezepte: Lukas Lotzing

Silberstadt Guanajuato
Eine der schönsten Städte Mexikos wurde mit ihren zahlreichen Kolonialgebäuden 1988 zum UNESCO-Weltkulturerbe ernannt

Empanadas mit Bohnen

00 50 std : min

LOW CARB LOW FAT

PRO PORTION: 806 KCAL | 26 G E | 50 G F | 70 G KH

ZZGL. 1 STD. RUHEZEIT

ZUTATEN FÜR 6 PERSONEN

FÜR DEN TEIG
- **400 g Weizenmehl Type 405 zzgl. etwas mehr zum Bearbeiten**
- **½ TL Backpulver**
- **250 g Butter, in Stücken**
- **50 g Wasser**
- **1 Ei**
- **Salz**

FÜR DEN DIP
- **20 g gemischte Kräuter (z. B. Petersilie, Kresse, Schnittlauch)**
- **150 g Joghurt**
- **1 EL natives Olivenöl extra**
- **½ TL mittelscharfer Senf**
- **frisch gemahlener schwarzer Pfeffer**

FÜR DIE FÜLLUNG
- **1 Zwiebel, halbiert**
- **1 kleine rote Paprikaschote, in Stücken**
- **1 grüne Chilischote, entkernt, in Ringen**
- **1 EL natives Olivenöl extra**
- **250 g gemischtes Hackfleisch**
- **4 EL Tomatenmark**
- **2 Prisen Cayennepfeffer**
- **1 TL edelsüßes Paprikapulver**
- **2 Eier, 1 davon getrennt**
- **125 g Kidneybohnen (Dose), abgetropft**
- **125 g weiße Bohnen (Dose), abgetropft**
- **140 g Mais (Dose), abgetropft**

1 | Für den Teig alle Zutaten mit ½ TL Salz in den geben, **20 Sek.** | **Stufe 5** verkneten. Den Teig zu einem Riegel formen, in Frischhaltefolie einschlagen und 1 Std. kalt stellen. Den spülen.

2 | Für den Dip die Kräuter in den geben, **6 Sek.** | **Stufe 8** zerkleinern und mit dem nach unten schieben. Joghurt, Öl, Senf, je ½ TL Salz sowie Pfeffer zufügen, alles **20 Sek.** | **Stufe 3** verrühren. Abschmecken und bis zur Verwendung in den Kühlschrank stellen.

3 | Für die Füllung Zwiebel, Paprika und Chili in den geben, **5 Sek.** | **Stufe 7** zerkleinern und mit dem nach unten schieben. Olivenöl und Hackfleisch zufügen, alles **3 Min.** | andünsten. Tomatenmark, ½ TL Salz sowie die Gewürze zugeben und die Masse **10 Min.** | | **Stufe 1** | **100 °C** garen. Im auf etwa 60 °C abkühlen lassen.

4 | 1 Ei zufügen und **8 Sek.** | | **Stufe 1** unterrühren. Bohnen und Mais dazugeben und mit dem untermengen.

5 | Den Backofen auf 200 °C Umluft vorheizen. 2 Bleche mit Backpapier belegen. Den Teig auf bemehlter Arbeitsfläche mit den Händen durchkneten und ca. 5 mm dick ausrollen. Anschließend 12 Kreise (Ø ca. 15 cm) ausstechen.

6 | Den Rand der Teigkreise mit verquirltem Eiweiß bestreichen, etwas von der Füllung in die Mitte geben und Teig zusammenklappen. Ränder mit einer Gabel andrücken. Teiglinge auf die Bleche legen, mit verquirltem Eigelb bestreichen und im Ofen ca. 25 Min. backen. Die Empanadas mit dem Dip servieren.

> **TIPP** Zu den Empanadas passt ein frischer Pflücksalat als Beilage.

Fotos: www.stockfood.de/Are Media (1); gettyimages/ iStock/bpperry (1) | Illustration: iStock/rraya (1)

Mango-Mojito

00 | 05 std : min

LOW CARB · LOW FAT

PRO GLAS: 234 KCAL | 1 G E | 2 G F | 29 G KH

ZUTATEN FÜR 4 GLÄSER À 400 ML

- **4 unbehandelte Limetten, geviertelt**
- **4 EL brauner Zucker**
- **Blättchen von 8 Stielen Minze zzgl. etwas mehr zum Garnieren**
- **600 g Crushed Ice**
- **200 g Mango, in Stücken**
- **150 g Mangosaft**
- **150 g weißer Rum**
- **Mineralwasser zum Auffüllen**
- **essbare Blüten zum Garnieren**

1 Limetten mit Zucker in den geben und **5 Sek. | Stufe 6** zerkleinern. Mit je ¼ Minze auf die Gläser verteilen. Mit Crushed Ice auffüllen.

2 Mango in den geben und **15 Sek. | Stufe 7** pürieren. Mangosaft und Rum hinzufügen und alles **8 Sek. | Stufe 5** vermischen.

3 Mango-Mojito auf die Gläser verteilen und mit Mineralwasser auffüllen. Mit Blüten und Minze garniert servieren.

Ruinen von Tulum
El Castillo, das höchste Gebäude der Mayastätte, thront über dem paradiesischen Playa Paraíso

Puerto Vallarta
Die Hafenstadt ist bekannt für ihre Gassen mit farbenfrohen Häuserfassaden

Fotos: www.stockfood.de/Ewgenija Schall (1)/Great Stock (1)/gettyimages/SL_Photography (1)/Elijah-Lovkoff (1)

Überbackene Käse-Enchiladas

00 45 std : min

LOW CARB · LOW FAT

PRO PORTION: 645 KCAL | 35 G E | 38 G F | 45 G KH

ZUTATEN FÜR 4 PERSONEN

- ★ **150 g Gouda, in Stücken**
- ★ **1 rote Zwiebel, halbiert**
- ★ **1 Knoblauchzehe**
- ★ **1 EL natives Olivenöl extra zzgl. etwas mehr zum Fetten**
- ★ **300 g gemischtes Hackfleisch**
- ★ **250 g stückige Tomaten (Dose)**
- ★ **1 rote Paprikaschote, in Streifen**
- ★ **150 g Crème fraîche**
- ★ **1 TL Gemüse-Gewürzpaste**
- ★ **2 TL edelsüßes Paprikapulver**
- ★ **150 g Kidneybohnen (Dose), abgetropft**
- ★ **100 g Mais (Dose), abgetropft**
- ★ **4 Maistortillas**
- ★ **1 grüne Chilischote, in Ringen**

AUSSERDEM
- ★ **Auflaufform (ca. 30×24 cm)**

1 | Käse in den geben, **15 Sek. | Stufe 8** zerkleinern und umfüllen. Zwiebel und Knoblauch in den geben, **5 Sek. | Stufe 7** zerkleinern und mit dem nach unten schieben.

2 | Olivenöl und Hackfleisch hinzufügen und alles **5 Min. |** dünsten. Tomaten, Paprika, 50 g Crème fraîche, Gewürzpaste sowie Paprikapulver dazugeben, alles mit dem vermengen und dann **10 Min. | | Stufe 1 | 100 °C** garen.

3 | Inzwischen den Backofen auf 180 °C Umluft vorheizen. Die Auflaufform mit etwas Öl fetten. Bohnen und Mais in den geben und mit dem unter die Hackfleischmasse mengen.

4 | Tortillas je mit 3–4 EL Hackmasse sowie etwas geriebenem Käse belegen (insgesamt 100 g) und eingerollt in die Auflaufform setzen. Mit restlicher Crème fraîche bestreichen, restlichen Käse daraufstreuen und die übrige Hackmasse mit in die Form geben. Die Enchiladas 15 Min. überbacken.

5 | Herausnehmen und etwas abkühlen lassen. Mit grüner Chilischote garniert servieren.

>TIPP Nutzt die Zeit, in der der Monsieur kocht, um das Gemüse vorzubereiten und die Dosen bzw. Becher zu öffnen, so geht das Nachfüllen besonders zügig, auch das Fetten der Auflaufform könnt ihr schon vorziehen.

Maiscremesuppe mit Bacon

00:25 std : min

LOW CARB · LOW FAT

PRO PORTION: 758 KCAL | 13 G E | 61 G F | 43 G KH

ZUTATEN FÜR 4 PERSONEN

- ★ 1 Gemüsezwiebel, geviertelt
- ★ 2 Knoblauchzehen
- ★ 30 g Butter
- ★ 2 Stangen Staudensellerie, in Scheiben
- ★ 600 g Mais (Dose), abgetropft
- ★ 800 g Wasser
- ★ 2 TL Gemüse-Gewürzpaste
- ★ 1 TL edelsüßes Paprikapulver
- ★ 1–2 Spritzer Tabasco
- ★ Saft von 1 Limette
- ★ 150 g Crème fraîche
- ★ ½ Bund Schnittlauch, in Röllchen, zzgl. etwas mehr zum Garnieren
- ★ 8 Scheiben Bacon
- ★ Tacos oder Nachos zum Garnieren

1 Zwiebel und Knoblauch in den geben und **5 Sek. | Stufe 7** zerkleinern. Mit dem nach unten schieben. Butter hinzufügen, beides **2 Min. | Stufe 1 | 100 °C** darin andünsten. Sellerie, Mais zugeben, alles **2 Min. | | Stufe 1 | 100 °C** dünsten.

2 Wasser, Gewürzpaste, Paprikapulver, Tabasco sowie Limettensaft zufügen und alles **10 Min. | | Stufe 1 | 100 °C** kochen. Crème fraîche und Schnittlauch dazugeben, alles **45 Sek. | Stufe 6–10** aufsteigend pürieren.

3 Bacon in einer Pfanne knusprig braten und auf Küchenpapier abtropfen lassen. Tacos grob zerbrechen. Die Suppe in Schüsseln anrichten. Mit Schnittlauch, Tacos und Bacon garniert servieren.

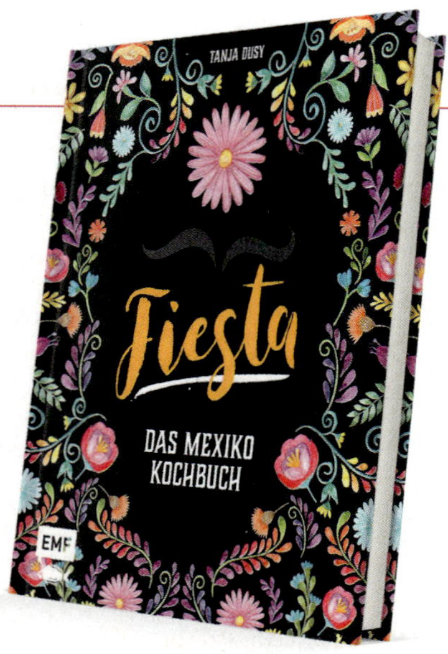

LESETIPP

Ihr habt Lust auf mehr mexikanisches Lebensgefühl? „Fiesta. Das Mexiko-Kochbuch" von Autorin Tanja Dusy mit Fotos unserer talentierten Kollegin Tina Bumann entführt euch mit 80 authentischen Rezepten für zu Hause, Reisereportagen und stimmungsvollen Impressionen an das Traumreiseziel. Seite für Seite wird die vielfältige und farbenreiche Küche des Landes gefeiert. Streetfood-Lieblinge wie Tacos und Burritos, Salsa und Guacamole, Karamelleis, hausgemachte Sangria und mehr wecken Sehnsucht nach der Ferne. Die Rezepte wurden nicht speziell für den Monsieur entwickelt, sind aber schnell und einfach zu kochen. 33 Euro, www.emf-verlag.de

Bohnen-Fajitas

00|30 std : min

LOW CARB · LOW FAT

PRO PORTION: 925 KCAL | 52 G E | 47 G F | 81 G KH

ZUTATEN FÜR 4 PERSONEN

FÜR DEN DIP
- **2 Knoblauchzehen**
- **200 g Schmand**
- **1 Spritzer Limettensaft**
- **Salz**

FÜR DIE FÜLLUNG
- **2 rote Zwiebeln, halbiert**
- **2 Knoblauchzehen**
- **285 g Kidneybohnen (Dose), abgetropft**
- **200 g Baked Beans (Dose)**
- **Saft von 2 Limetten**
- **1 TL rosenscharfes Paprikapulver**
- **1 TL gemahlener Kreuzkümmel**
- **2 EL Sonnenblumenöl zum Braten**
- **600 g Rindersteak, in Streifen**
- **8 Tortillawraps**
- **1 Romanasalat, in Streifen**
- **Fruchtfleisch von 2 Avocados, in Würfeln**

1 | Für den Dip Knoblauch in den Mixtopf geben, **5 Sek. | Stufe 8** zerkleinern und mit dem Spatel nach unten schieben. Schmand, Limettensaft sowie 2 Prisen Salz zufügen und alles **15 Sek. | Stufe 4** cremig rühren. Den Dip umfüllen und bis zum Servieren kalt stellen. Den Mixtopf spülen.

2 | Für die Füllung Zwiebeln und Knoblauch in den Mixtopf geben, **5 Sek. | Stufe 7** zerkleinern und mit dem Spatel nach unten schieben. Bohnen, Baked Beans, Limettensaft, Gewürze sowie ½ TL Salz hinzufügen und alles **10 Min. | ↺ | Stufe 1 | 95 °C** garen, dabei den Kocheinsatz als Spritzschutz aufsetzen.

3 | Inzwischen das Öl in einer Pfanne erhitzen und die Steakstreifen darin 3–4 Min. scharf anbraten. Die Wraps in einer weiteren Pfanne erwärmen.

4 | Die Wraps mit Salat, Fleisch, Bohnenmix, Avocados und etwas Dip füllen. Die Fajitas einrollen und mit restlichem Dip servieren.

Hacksteak mit Maissalat

00 40 std : min

LOW CARB LOW FAT

PRO PORTION: 720 KCAL | 36 G E | 52 G F | 29 G KH

ZUTATEN FÜR 4 PERSONEN

FÜR DEN SALAT
- 1 vorgegarter Maiskolben
- Salz
- ½ Eisbergsalat, in Stücken
- 50 g natives Olivenöl extra
- 3 EL Limettensaft
- frisch gemahlener schwarzer Pfeffer
- 1 gelbe Paprikaschote, in Würfeln
- 150 g Feta, zerbröckelt
- 300 g Tomaten, geviertelt
- 3 Frühlingszwiebeln, in Ringen
- Petersilie zum Garnieren

FÜR DIE HACKSTEAKS
- 1 Zwiebel, halbiert
- 2 Knoblauchzehen
- 1 rote Chilischote, entkernt, in Ringen
- 600 g gemischtes Hackfleisch
- 1 Ei
- 30 g Paniermehl
- 1 EL Tomatenmark
- 1 TL mittelscharfer Senf
- 2 EL Sonnenblumenöl zum Braten

1 | Für den Salat den Mais in kochendem Salzwasser ca. 5 Min. garen. Die Maiskörner lösen und in eine Salatschüssel umfüllen. Eisbergsalat, Olivenöl, Limettensaft, 2 Prisen Salz sowie 3 Prisen Pfeffer in den geben und **8 Sek. | Stufe 4** zerkleinern. Eisbergsalatmischung, Paprika, Feta, Tomaten und Frühlingszwiebeln zum Mais in die Salatschüssel geben. Alles vermengen und bis zum Servieren durchziehen lassen.

2 | Für die Hacksteaks Zwiebel, Knoblauch sowie Chili in den geben, **5 Sek. | Stufe 7** zerkleinern und mit dem nach unten schieben. Hackfleisch, Ei, Paniermehl, Tomatenmark, Senf, 1 TL Salz sowie ½ TL Pfeffer dazugeben und alles **35 Sek. | | Stufe 3** vermengen. Aus der Masse 4 Hacksteaks formen.

3 | Öl in einer Pfanne erhitzen und die Steaks darin 7–8 Min. rundherum braten. Mit dem Maissalat auf Tellern anrichten und mit Petersilie garniert servieren.

Mais perfekt zubereiten

Gart ihr frische Maiskolben in Salzwasser, brauchen sie 15–25 Minuten. Wendet die Stäbchenprobe an: Lassen sich die Körner leicht einstechen, ist der Mais gar.

Fotos: www.stockfood.de/Stockfood Studios/Oliver Brachat; gettyimages.de/Monica Rodriguez

Z
monsieur cuisine
Die Bewertungen anderer Mitglieder sind super hilfreich!
Bin begeistert! Megaleckere Rezepte!!!
Download on the App Store
GET IT ON Google Play
SILVERCREST
monsieur cuisine by ZauberMix
JETZT 1 MONAT KOSTENLOS TESTEN!
www.zaubermix.de/start

COOLE Drinks

Cremig, farbenfroh und auch noch gesund – diese vier machen Spaß und bringen neue Energie

Rezepte: Vera Schubert

Erdbeer-Himbeer-Trinkjoghurt
Rezept auf Seite 76

Mango-Buttermilch
Rezept auf Seite 76

DIESE DRINKS TUN ÜBRIGENS AUCH DEN GROSSEN RICHTIG GUT!

Foto: StockFood/für ZS Verlag/Hoersch, Julia

Für die Kids

Erdbeer-Himbeer-Trinkjoghurt

00 05 std : min

LOW CARB LOW FAT

PRO GLAS: 116 KCAL | 4 G E | 4 G F | 16 G KH

ZUTATEN FÜR 4 GLÄSER À 200 ML

* **350 g Erdbeeren, halbiert**
* **50 g Himbeeren**
* **Blättchen von 1 Stiel Minze**
* **40 g Milch**
* **350 g Joghurt**
* **20 g Holunderblütensirup**

Erdbeeren, Himbeeren und Minze in den Mixtopf geben und **20 Sek. | Stufe 8** zerkleinern. Die restlichen Zutaten in den Mixtopf geben und alles **1 Min. | Stufe 10** pürieren. Den Trinkjoghurt in die 4 Gläser füllen und servieren.

Mango-Buttermilch

00 05 std : min

LOW CARB LOW FAT

PRO GLAS: 125 KCAL | 5 G E | 1 G F | 23 G KH

ZUTATEN FÜR 4 GLÄSER À 200 ML

* **300 g Mango, in Stücken**
* **500 g Buttermilch**
* **100 g Orangensaft**
* **1 EL Zitronensaft**
* **20 g selbst gemachter Vanillezucker**

Alle Zutaten in den Mixtopf geben und **1 Min. | Stufe 10** mixen. Die Buttermilch in die 4 Gläser füllen und servieren.

Melonen-Smoothie

00 05 std : min

LOW CARB LOW FAT

PRO GLAS: 100 KCAL | 2 G E | 0 G F | 22 G KH

ZUTATEN FÜR 4 GLÄSER À 200 ML

* **600 g Wassermelone, in Stücken**
* **1 Banane, in Stücken**
* **100 g Orangensaft**
* **1 EL Zitronensaft**

Alle Zutaten in den Mixtopf geben und **1 Min. | Stufe 10** pürieren. Den Melonen-Smoothie auf die 4 Gläser verteilen und servieren.

Ananas-Orangen-Smoothie

00 05 std : min

LOW CARB LOW FAT

PRO GLAS: 101 KCAL | 1 G E | 0 G F | 22 G KH

ZUTATEN FÜR 4 GLÄSER À 200 ML

* **1 reife Ananas, in Stücken**
* **400 g Orangensaft**
* **20 g Limettensaft**
* **20 g Honig**

Alle Zutaten in den Mixtopf geben und **1 Min. | Stufe 10** pürieren. Ananas-Orangen-Smoothie in die 4 Gläser füllen und servieren.

SERVICE

FÜRS PICKNICK

Unsere selbst gemixten Leckerbissen nehmen wir ab sofort wieder mit nach draußen!

GOOD TO GO! Im ZauberTopf Shop findet ihr unsere absoluten Lieblinge, wenn es ums Mitnehmen von hausgemachten Speisen geht. Die Behälter „Jar2Go" transportieren Müslis, Salate oder Gemüsesticks mit Dip im separaten Fach. Im „Lunchbag To Go" haltet ihr Speisen heiß oder kalt. Ab 19,90 Euro, www.zaubertopf-shop.de

OUTDOOR-GESCHIRR Die Melamin-Geschirrserie „Flow" von Mepal ist schick, leicht und bruchsicher. Perfekt für Camping, Fahrradtour oder das Picknick am Strand. Ab ca. 5 Euro, www.mepal.com

IMMER DABEI Das „Picnic+"-Set von Opinel enthält einen Buchenholzgriff mit Gabel- und Löffelaufsatz sowie eine Mikrofaserserviette – clever! Ca. 22 Euro, www.opinel.com

3 FRAGEN AN DIE DOPPELMAMA

Instagrammerin und Monsieur-Fan Doreen verrät, was bei ihren Familienpicknicks immer dabei ist

Was mag deine Familie bei einem Picknick am liebsten?
Wir lieben Fingerfood, Gemüsesticks, aber auch Obst wie Erdbeeren und Wassermelone. Ich backe zum Beispiel auch gern Hörnchen aus neutralem Hefeteig. Die eine Hälfte fülle ich dann herzhaft und die andere süß.

Welche Getränke habt ihr unterwegs dabei?
Selbst gemachte Zitronenlimonade aus dem Monsieur! Sie ist lecker, schnell gemixt und erfrischend, daher ist sie die ideale Abkühlung auf einer Radtour.

Hast du für spontane Ausflüge spezielle Vorräte daheim?
Unterschiedliche Obst und Gemüse sind stets im Haus, das ist also schnell zusammengepackt. In meiner Speisekammer finden sich auch immer ein paar Kekse und Cracker zum Snacken, die landen ebenso gern in unseren Picknickkorb.

Mehr Ideen von Doreen findet ihr auf Instagram: @doppel_mama_

Fotos: Mepal (1); Opinel (2); Archiv (2); privat (2)

Gemüsehobel im Praxistest

Was bringt er wirklich?

Zubehör-Fan Lukas Lotzing testet den WunderSlicer®
für den Monsier Cuisine. Was der Aufsatz kann und für
wen sich die Anschaffung lohnt, erfahrt ihr hier

Restlos überzeugend

Für frischen Gurkensalat nach Hausmacherart wird eine ganze Salatgurke in wenigen Sekunden perfekt gehobelt.

FÜR WEN LOHNT SICH DER GEMÜSEHOBEL?

Wer gern und viel frische Lebensmittel mit dem Monsieur Cuisine verarbeitet und dabei Wert auf gute Ergebnisse durch genaues Arbeiten legt, kann auf jeden Fall über die Anschaffung eines Gemüsehobels nachdenken. Denn beim Kochen und Backen gilt generell: Je gleichmäßiger die Zutaten vorbereitet sind, desto gleichmäßiger werden auch die Ergebnisse in Textur, Optik und Geschmack.

Der Monsieur Cuisine ist bereits mit einem hochwertigen und sehr scharfen Messer ausgestattet, mit dem – je nach verwendeter Drehzahl – Obst und Gemüse grob oder sehr fein zerkleinert werden. Für eine Vielzahl an Rezepten ist dies auch die ideale Vorbereitungs- und Verarbeitungstechnik. Es gibt allerdings diverse Gerichte, die nach fein geraspelten oder in Scheiben geschnittenen Lebensmitteln verlangen. Die besten Beispiele: Kartoffelgratins, Gurkensalate und Reibekuchen.

Mühelos, zeitsparend, nachhaltig

Auch mit einer klassischen Gemüsereibe lassen sich Scheiben und Raspel für diese Gerichte herstellen. Hobelt man allerdings ein Kilogramm Kartoffeln von Hand, kann dies schon mal eine halbe Stunde dauern und für Finger und Handgelenke ermüdend sein. Häufig bleiben zudem kleine Gemüse- oder Obststücke übrig, die sich nicht mehr greifen lassen. Die Finger geraten oft nah an die Schnittflächen und die Verletzungsgefahr ist groß. Der WunderSlicer® schafft es, ein Kilo in Sekunden zu zerkleinern. Dabei bleibt nichts übrig, es gelingt ohne Kraftaufwand und ohne, dass die Hände in die Nähe der Schnittflächen gelangen. Das Ergebnis sind gleichmäßige Hobel oder Raspel bis zum letzten Millimeter des Lebensmittels.

Fotos: Anna Gieseler; Archiv; gettyimages.de/Inna Tarasenko(1)/RodicaCiorba (1)

So funktioniert's

Das Zubehör besteht aus sechs Einzelteilen: dem Auffangbehälter mit 1,8 Liter Fassungsvolumen und Deckel, zwei Schneidscheiben für feine sowie grobe Scheiben und Raspel, einer Steckachse und der geteilten Zuführhilfe.

Startklar in 4 Schritten

1 Um den Gemüsehobel in Betrieb zu nehmen, wird zunächst die Steckachse auf den Mixmesserkopf gesteckt. Sie ragt durch den anschließend aufgesetzten Mixtopfdeckel hindurch. Der Messbecher wird also nicht benötigt. Die Steckachse lässt später über die Drehung des Messers die Schneidscheiben rotieren.

2 Nun wird der Auffangbehälter ohne Deckel auf dem Mixtopfdeckel platziert. Dabei wird der breite Griff direkt über eine der Verschlusslippen des Mixtopfdeckels gesteckt.

3 Als Nächstes wird die Schneidscheibe in den Deckel eingesetzt. Je nachdem welches Resultat gewünscht ist, wird die Schneidscheibe mit dieser Klinge nach oben Richtung Trichter fixiert.

4 Nun den Deckel aufsetzen und **Stufe 3 |** ↻ aktivieren. Während des Betriebs werden Gemüse- und Obststücke in den Einfüllschacht gegeben. Die geteilte Zuführhilfe erleichtert das Herunterdrücken. Im Behälter sammeln sich sichtbar die Scheiben und Raspel. Zum Beenden des Schneidens den Drehregler auf 0 drehen.

WunderSlicer®

- lebensmittelechter Kunststoff
- transparent, anthrazitfarben
- spülmaschinenfest
- für die Modelle Connect, Trend, Smart
- 89,95 Euro

MEINE TIPPS FÜR EUCH

Für ein optimales Schnittergebnis verwende ich nur Stücke, die maximal die Dicke einer Salatgurke haben. Harte Gemüsesorten wie Karotten empfehle ich, nur einzeln in den Einfüllschacht zu geben, es sei denn, sie sind sehr dünn (siehe Bild unten). Sie lassen sich mit dem Stopfer halten und leicht nachdrücken, so legt sich keine Zutat im Schacht quer.

Das Aufsetzen und Abnehmen des Aufsatzes erfordert etwas Übung. Am besten genau an der Anleitung orientieren.

Ein Plus: Abspülen mit Wasser genügt bei den meisten Obst- und Gemüsesorten.

Wichtig: Der WunderSlicer® darf nur bis maximal Stufe 3 im Linkslauf betrieben werden. Die Stufe muss unbedingt manuell betätigt werden und nicht über den Modus, den einige Gerätegenerationen haben. Denn dieser würde auf Stufe 5 beschleunigen, dafür ist der WunderSlicer® jedoch nicht ausgelegt.

Mein Fazit

- ✓ **PRÄZISION** Das Schnittergebnis ist bei allen Scheiben bemerkenswert. Hauchfeine Gurken-, Kartoffel-, Radieschenhobel oder -raspel sammeln sich ratzfatz im Behälter. Es macht Spaß, zuzusehen!
- ✓ **ERSTAUNLICH EINFACH** Selbst hartes Gemüse geht „butterweich" durch die scharfen Aufsätze hindurch. Kraftaufwand gleich null.
- ✓ **HANDLICH** Speziell beim Schneiden und Raspeln kleiner Gemüsesorten wie Radieschen ist der Slicer ideal, da sie sich mit den Händen kaum greifen lassen.
- ✓ **XXL-PORTIONEN** Für alle, die häufiger Gerichte wie Gratins, Aufläufe und Salate für mehrere Personen zubereiten, ist der Slicer eine enorme Hilfe, da alles schnell verarbeitet ist und toll aussieht.

Kartoffelrosen-Muffins

Mehr Vielfalt

Der WunderSlicer® verarbeitet sowohl euer Gemüse als auch Obst mit der Kraft des Monsieur Cuisine. Die Scheiben und Raspel könnt ihr je nach Sorte roh genießen oder weiterverarbeiten. Ein paar gute Ideen, was ihr im Monsieur anschließend daraus zubereiten könnt, teilen wir hier!

GEMÜSE

Hobelt und raspelt zum Beispiel feste Sorten wie Karotten, Kartoffeln, Rot- und Weißkohl, Kohlrabi, Kürbis, Radieschen und Rote Bete, aber auch weichere Sorten wie Auberginen, Gurken, Zucchini und Zwiebeln. Daraus werden Gratins, Rösti, Aufläufe, Carpaccios, Salate und mehr.

OBST

Zerkleinert Äpfel, Birnen, Nektarinen sowie auch Zitrusfrüchte wie Zitronen in perfekte Scheiben! Vermischt das Obst zu hübschen Salaten oder verarbeitet es zu Gebäck.

Rezepte für Hobel und Raspel findet ihr unter www.zaubermix.de!

Kartoffel-Kürbis-Puffer

Ratatouille

Apfel-Möhren-Rohkost

Carrot Cake

Apfeltarte

Jetzt gleich bestellen:

Den WunderSlicer® findet ihr unter **www.zaubertopf-shop.de**

Fotos: Archiv (6); Désirée Peikert (1); Ira Leoni (2); gettyimages.de/Eli Asenova (1)/Photomanu (1)/Floortje (1)/Olga Chzhu (1)

TREND-SPEZIAL

Zero Waste
So geht nachhaltig

Mit guten Ideen für den Alltag können wir ganz einfach unseren Beitrag zu weniger Abfall und sinnvoll verwendeten Lebensmitteln sowie Ressourcen leisten. Das schont sogar den Geldbeutel!

Ordnung spart Geld

Wer in Schubladen, Vorratsschränken und Kühlschrank den Überblick behält, weiß auch, was fehlt, und kauft nichts doppelt. Außerdem seht ihr, was ihr habt und verbrauchen solltet, und schmeißt nichts weg, weil ihr es nicht im Blick hattet. Sortiert die Produkte mit dem kürzesten Mindesthaltbarkeitsdatum nach vorn. Beim Ordnunghalten helfen Aufbewahrungsgefäße mit Durchblick aus Glas oder Kunststoff. Offene Regalsysteme und Schubladen erleichtern es ebenfalls, den Überblick zu behalten. Attraktive Einbaulösungen unter www.schmidt-kuechen.de

IM „SPLIT & COOK"-BACKOFEN VON BEKO GAREN GERICHTE AUF TEILBAREN EBENEN. KUCHEN UND SCHMORBRATEN GELINGEN SO IN EINEM BACKVORGANG. DAS SPART STROM! CA. 1100 EURO. WWW.BEKO.COM

Alles essbar! Gewürzpaste aus Resten

Allzu häufig landen Schalen von Karotten oder Gurken, Stängel und letzte Blättchen vom Kräutertöpfchen, Blumenkohl- und Brokkolistämmchen, Fenchel- und Rübengrün, Pilzstrunke sowie die etwas trockenen Ränder von Porree und Knollensellerie auf dem Kompost. Dabei könnt ihr aus diesen Resten, die besonders oft beim Suppekochen anfallen, eure nächste Gewürzpaste mixen. Extratipps: Verwendet keine rohen Kartoffeln und nur unbehandelte Schalen von Biogemüse.

WAS TUN MIT …

… Linsen, Dinkel, Couscous, Bulgur und Co.? Ihr habt eine Zutat daheim, aber keine gute Idee für die Verarbeitung? Holt euch Anregungen unter www.zaubermix.de. So probiert ihr häufiger etwas Neues aus und leert gleichzeitig eure Vorräte, ehe sie verkommen.

» Mehr Alternativen!

Vegane Küche liegt im Trend

Es gibt so viele Kochbücher zur veganen Ernährung wie nie. Was uns an der pflanzlichen Küche gefällt?

Gleich vorneweg: Jede*r kann vegane Gerichte ausprobieren und sich aus dieser Ernährungsweise Inspiration holen, ganz gleich ob man weiterhin auch Fleisch, Fisch und Geflügel isst oder nicht.

Das Faszinierende: Immer wieder begegnen uns Rezepte, die wir lieben und die vegan sind, ohne dass wir sie bisher so kategorisiert hätten, zum Beispiel Currys, Kartoffelsuppe oder Nimmersatt-Brot.

Das größte Plus: Wer sich Ideen aus der veganen Küche holt, übt sich darin, mit unterschiedlichen Gemüsen, Hülsenfrüchten und Getreiden zu kochen, erweitert so den eigenen „Rezeptschatz" und die Liste der Lieblingszutaten.

Positiver Nebeneffekt: Viele vegane Zutaten sind günstiger als tierische Produkte. Wer ab und zu auf Gerichte mit Fleisch oder Milchprodukten verzichtet, spart bares Geld, aber nicht am Geschmack!

Buchtipps unserer Online-Redakteurin Alisa: *Ob Gegrilltes, Mediterranes oder Alltägliches, die Kochbücher „Vegan One Pot", „Vegan vom Grill" und „Nistisima" liefern kreative Ideen für unterschiedliche Geschmäcker. Stöbern lohnt sich! Mehr unter www.dorlingkindersley.de sowie arsvivendi.com. Die Rezepte sind zwar nicht speziell für den Monsieur Cuisine entwickelt, lassen sich aber einfach adaptieren. Bei Fragen meldet euch gern bei uns!*

Fotos: SCHMIDT Küchen (1); beko Grundig Deutschland GmbH (1); BSH/Anna Gieseler (1); PR (3); Archiv (1); gettyimages/deepblue4you (1)

Soßen + Express-Ideen FÜR JEDEN TAG

Mit dem Monsieur Cuisine kocht ihr die beliebtesten Soßen ganz einfach selbst. Erlebt hier, wie ihr mit wenigen Zutaten cremige oder tomatige Begleiter zu Fleisch und Gemüse, für Aufläufe und Gratins oder Pasta zubereitet

Rezepte: Vera Schubert | Fotos & Styling: Anna Gieseler

Béchamelsoße

00 | 15
std : min

PRO PORTION: 190 KCAL | 5 G E | 13 G F | 13 G KH

ZUTATEN FÜR 4 PERSONEN

- ★ **40 g Butter, in Stücken**
- ★ **40 g Weizenmehl Type 405**
- ★ **500 g Milch**
- ★ **½ TL Salz**
- ★ **¼ TL frisch gemahlener schwarzer Pfeffer**
- ★ **1 Prise frisch geriebene Muskatnuss**

1 Butter in den Mixtopf geben, **3 Min.** | **Stufe 1** | **100 °C** schmelzen lassen. Mehl hinzufügen und **3 Min.** | **Stufe 1** | **100 °C** darin andünsten.

2 Milch sowie Gewürze zur Mehlschwitze in den Mixtopf geben und alles **7 Min.** | **Stufe 3** | **90 °C** kochen. Die Soße nach Bedarf direkt weiterverwenden oder bis zu 2 Tage kalt stellen.

MEHLSCHWITZE

Diese Basis gelingt euch im Monsieur Cuisine ganz leicht. Mehl wird dafür in Fett erwärmt und zu einer Paste verrührt. Dieser Schritt ist wichtig, denn das Mehl verliert dabei seinen Rohgeschmack und Klümpchen lösen sich auf. So erreicht ihr nach Zugeben der übrigen Zutaten immer eine glatte, seidige Soße.

BÉCHAMELSOSSE EIGNET SICH FÜR:

- ✓ AUFLÄUFE mit Kartoffeln und buntem Gemüse
- ✓ LASAGNE als Cremeschicht zwischen Bolognese und Pasta
- ✓ GEMÜSE & FLEISCH aus dem Dampfgarer

LUST AUF LECKER?

Einfacher Gemüseauflauf

Eine tolle Möglichkeit, ein fixes, unglaublich wohltuendes Essen zu kochen: Gemüse mit Béchamelsoße und Käse überbacken! Wie wäre es mit einem Mix aus Brokkoli und Blumenkohl? Zerkleinert vor dem Kochen der Soße etwas Parmesan **12 Sek.** | **Stufe 10** und füllt ihn um. Gebt, während die Soße köchelt, etwa 1 kg Kohlröschen ohne Vorkochen in eine Auflaufform. Gießt dann die Béchamelsoße über das Gemüse und bestreut alles mit dem Käse. Das Gemüse gart im Ofen direkt in der Soße. Zum Backen bei 180 °C Ober-/Unterhitze etwa 25 Min. einplanen.

Gemüseauflauf mit Béchamelsoße

EINKOCHEN
Hier verarbeitet ihr ein ganzes Kilo Tomaten! Das Rezept ist auch praktisch, wenn ihr bereits schrumpelige Exemplare verwerten wollt. Das Geheimnis der Soße: das kontinuierliche Erhitzen, bei dem die Tomaten ihr Aroma voll entfalten können.

Fruchtige Tomatensoße

LOW CARB · LOW FAT

PRO PORTION (100 ML):
40 KCAL | 1 G E | 2 G F | 4 G KH
ZUTATEN FÜR 4 GLÄSER À 250 ML

- ★ **1 Schalotte**
- ★ **2 Knoblauchzehen**
- ★ **2 EL natives Olivenöl extra**
- ★ **1000 g Cocktailtomaten, halbiert**
- ★ **100 g Tomatenmark**
- ★ **1 TL Gemüse-Gewürzpaste**
- ★ **Blättchen von 4 Stielen Basilikum, in Streifen**

00 15 std : min

1 Schalotte und Knoblauch in den Mixtopf geben, **5 Sek. | Stufe 7** zerkleinern. Mit dem Spatel nach unten schieben. Öl zufügen, Gemüse **3 Min. | Stufe 1 | 120 °C** andünsten.

2 Übrige Zutaten in den Mixtopf geben und alles ohne Messbecher **10 Min. | Stufe 2 | 120 °C** erhitzen, dabei den Kocheinsatz als Spritzschutz aufsetzen. Soße servieren oder in einem luftdichten Gefäß im Kühlschrank aufbewahren. Hier hält sie sich 3–5 Tage.

TOMATENSOSSE EIGNET SICH FÜR:

- ✓ PIZZA zum Bestreichen des Teigs
- ✓ PASTA mit Soße und Parmesan
- ✓ GRATINS, z. B. überbackene Gnocchi
- ✓ GEMÜSE & FLEISCH aus dem Dampfgarer

MAMMA MIA! *Erfrischend einfache Pizza Caprese*
Unsere fruchtige Tomatensoße eignet sich hervorragend als Pizzasoße. Ihr könnt sie auf fertigen Pizzateig geben, wenn es extraschnell gehen soll, oder selbst einen Hefeteig ansetzen. Unter www.zaubermix.de findet ihr unser bewährtes Pizzateigrezept für jede Gelegenheit. Gebt einige Esslöffel Soße auf den ausgerollten Teig und belegt diesen nach Belieben. Alternativ könnt ihr die Pizza nur mit der Soße backen und noch heiß mit frischen Tomaten, Mozzarella und Rucola oder Basilikum belegen – wie beim Italiener!

Sahnesoße

00 15 std : min

LOW CARB LOW FAT

PRO PORTION: 277 KCAL | 2 G E | 27 G F | 7 G KH

ZUTATEN FÜR 4 PERSONEN

- **1 Zwiebel, halbiert**
- **3 EL natives Olivenöl extra**
- **2 EL Weizenmehl Type 405**
- **250 g Sahne**
- **250 g Wasser**
- **½ TL Salz**
- **2 Prisen frisch gemahlener schwarzer Pfeffer**

1 Zwiebel in den [Mixtopf] geben und **5 Sek. | Stufe 7** zerkleinern. Mit dem [Spatel] nach unten schieben.

2 Olivenöl und Mehl hinzufügen und alles **3 Min. | Stufe 1 | 100°C** andünsten.

3 Die übrigen Zutaten in den [Mixtopf] geben und alles **7 Min. | Stufe 3 | 90°C** kochen. Die Soße nach Belieben servieren oder bis zu 2 Tage im Kühlschrank aufbewahren.

DIE RICHTIGE WÜRZE

Immer wenn ihr eine Soße mit Zwiebeln oder Knoblauch zubereitet, werden diese Aromengeber als Erstes zerkleinert und in Fett angedünstet. Das ist wichtig, damit sie weich gekocht werden, statt bissfest zu bleiben. Außerdem geben sie erst so ihre gesamte Würze über das Fett an die Soße ab.

SAHNESOSSE EIGNET SICH FÜR:

- ✓ PASTA wie Bandnudeln und Spaghetti
- ✓ AUFLÄUFE mit Fisch, Fleisch, Nudeln und Gemüse
- ✓ HÄHNCHEN aus dem Dampfgarer
- ✓ GEMÜSE & FLEISCH aus dem Dampfgarer

ZUM MITTAG
Schnelle Tagliatelle mit Lachs

Wir lieben diese supereinfache Kombi zum Mittagessen. Dafür kocht ihr die Sahnesoße im Monsieur Cuisine. Währenddessen gart ihr die Bandnudeln nach Packungsanweisung in einem großen Kochtopf und bratet die Lachswürfel in einer Pfanne an. Zum Servieren die Pasta mit der Soße vermengen, jede Portion mit etwas Dill bestreuen und mit 1 Zitronenscheibe garnieren. Schon ist der Genuss vollkommen! Anstelle von Lachs schmecken auch gebratene Pilze oder gemischtes Gemüse aus der Pfanne.

Schnelle Tagliatelle mit Lachs und Sahnesoße

PRÄZISE ERWÄRMEN

Superseidige Käsesoße entsteht nur dann, wenn die Milch konstant auf maximal 90 °C erhitzt wird, da diese bei stärkerer Hitze anbrennen würde. Der Käse schmilzt bei dieser Temperatur in der Milch. Mit dem Monsieur gelingt das präzise Erwärmen ganz leicht, denn er hält die Temperatur und rührt konstant. So kann nichts schiefgehen!

KÄSESOSSE EIGNET SICH FÜR:

- ✓ PASTA wie Makkaroni oder Tortellini
- ✓ GNOCCHI pur oder gefüllt
- ✓ GEMÜSE & FLEISCH aus dem Dampfgarer

Tortellini mit Käsesoße

SCHNELLE WOHLTAT

Tortellini mit Käsesoße

Tortellini gibt's für jeden Geschmack, zum Beispiel mit Ricotta-, Pilz- oder Fleischfüllung. Ihr findet sie im Kühlregal oder auch getrocknet für extralange Haltbarkeit. Wir greifen gern zu Biovarianten, denn die meisten Gerichte mit Tortellini kommen mit nur wenigen Zutaten aus. Da darf die Qualität der kleinen Delikatessen gern hoch sein! Während die Käsesoße im Monsieur kocht, ist nicht mehr zu tun, als die Tortellini nach Packungsangabe in einem Kochtopf mit Salzwasser zu garen. Das dauert meist nur wenige Minuten. Beides vermischt und mit gezupften Petersilien- oder Basilikumblättchen, grobem Meersalz und frisch gemahlenem Pfeffer bestreut sofort servieren. Schnelles Comfort Food vom Feinsten!

Käsesoße

00 | 15 std : min

PRO PORTION: 325 KCAL | 16 G E | 24 G F | 12 G KH

ZUTATEN FÜR 4 PERSONEN

- ★ **150 g Bergkäse, in Stücken**
- ★ **40 g Butter, in Stücken**
- ★ **30 g Weizenmehl Type 405**
- ★ **500 g Milch**
- ★ **½ TL Salz**
- ★ **2 Prisen frisch gemahlener schwarzer Pfeffer**
- ★ **1 Prise frisch geriebene Muskatnuss**

1 | Den Käse in den geben und **5 Sek. | Stufe 8** zerkleinern. Mit dem nach unten schieben.

2 | Die übrigen Zutaten in den geben und alles **8 Min. | Stufe 3 | 90 °C** erhitzen. Die Soße nach Belieben servieren.

Cremige Tomatensoße

00 | 15 std : min

LOW CARB · LOW FAT

PRO PORTION: 224 KCAL | 3 G E | 20 G F | 8 G KH

ZUTATEN FÜR 4 PERSONEN

- ★ **1 Zwiebel, halbiert**
- ★ **20 g natives Olivenöl extra**
- ★ **500 g passierte Tomaten**
- ★ **2 TL getrocknete italienische Kräuter**
- ★ **1 TL Gemüse-Gewürzpaste**
- ★ **200 g Crème fraîche**

1 | Zwiebel in den geben und **5 Sek.** | **Stufe 7** zerkleinern. Mit dem nach unten schieben.

2 | Öl hinzufügen und die Zwiebel darin **2 Min.** | **Stufe 1** | **100 °C** andünsten.

3 | Tomaten, Kräuter sowie Gewürzpaste dazugeben und alles ohne Messbecher **7 Min.** | **Stufe 2** | **95 °C** köcheln, dabei den Kocheinsatz als Spritzschutz aufsetzen.

4 | Crème fraîche dazugeben und **20 Sek.** | **Stufe 3** unter die Soße mengen. Die Soße nach Belieben servieren oder bis zu 2 Tage im Kühlschrank aufbewahren.

CREMIGE TOMATENSOSSE EIGNET SICH FÜR:

- ✓ PASTA wie Penne, Fusilli & Co.
- ✓ AUFLÄUFE mit Hackbällchen oder Lachs
- ✓ GEMÜSE & FLEISCH aus dem Dampfgarer

CREMIGE TEXTUR

Um passierte Tomaten zu einer cremigen mediterranen Soße zu verarbeiten, ist das Andünsten von Zwiebeln in Öl essenziell. Denn dabei entsteht jede Menge Aroma. Nach dem Köcheln der Tomaten sorgt ein Becher Crème fraîche für die perfekte Textur, gleichzeitig wird die Säure der Tomaten abgemildert. Einfach genial!

Pasta mit cremiger Tomatensoße

OH, SO GUT!

Pasta mit herrlich einfacher Tomatensoße

Großer Genuss ganz easy zubereitet, das ist das Konzept dieses Gerichts! Sobald die Soße in Schritt 3 gekocht wird, setzen wir eine große Portion Pasta im Kochtopf auf. Diese nach Packungsanweisung al dente garen. Idealerweise sollte die Soße vor der Pasta fertig sein, denn sie bleibt länger heiß als die Nudeln. Damit das Gericht besonders sämig wird, die Pasta nach dem Kochen nicht abschrecken, sondern nur kurz abseihen und dann direkt in einer großen Servierschale mit der Soße vermengen. Unwiderstehlich gut.

RATGEBER

DAS 1×1 DER SOSSEN

Wie ihr die cremigsten Ergebnisse erzielt, Soßen verfeinert, lagert und im Notfall rettet

WAS TUN, WENN DIE SOSSE …

… ZU SALZIG IST? BALANCIERT DEN GESCHMACK MIT ETWAS ZUCKER ODER ESSIG AUS.

… ZU SÜSS IST? GEBT ETWAS ZITRONENSAFT ODER ESSIG HINZU.

… ZU SAUER IST? MILDERT DEN GESCHMACK MIT ZUCKER ODER SAHNE AB.

Im Alltag GUT ZU WISSEN

Wie lange muss eine Soße kochen?
Die Kochzeit hängt von der Art der Soße und den verwendeten Zutaten ab. Manche Soßen, wie zum Beispiel Tomatensoßen, müssen länger köcheln, um ihren Geschmack zu entwickeln, während andere, zum Beispiel Sahnesoßen, nur kurz aufgekocht werden müssen.

Aufbewahren und wieder erhitzen
Bewahrt eure Soße in einem luftdichten Gefäß im Kühlschrank auf und verbraucht sie innerhalb von drei Tagen. Zum erneuten Erwärmen Soße in den geben und **6–15 Min. | Stufe 2 | 90 °C** erhitzen.

Einfrieren und wieder auftauen
Soßen könnt ihr einfrieren – sogar dann, wenn sie Sahne enthalten. Voraussetzung: Die Sahne enthält mehr als zehn Prozent Fett. Füllt die Soße in eine Gefrierdose oder – zum besseren Portionieren – in einen Eiswürfelbehälter. Sahnesoßen halten tiefgekühlt 3–4 Monate, Tomaten- oder Bratensoßen bis zu 6 Monate. Zum Auftauen über Nacht in den Kühlschrank oder ohne Deckel in den tiefen Dampfgaraufsatz geben und **15–20 Min.** | auftauen, anschließend wie oben beschrieben erhitzen.

ABSCHMECKEN

Dosiert eure Zutaten, Würz- und Bindemittel vorsichtig, schmeckt die Soße lieber zwischendurch immer wieder ab und prüft die Konsistenz. Denn Nachwürzen – am besten Prise für Prise – ist einfacher als Überwürztes wieder abzumildern.

Extratipp: Habt Geduld, manche Gewürze benötigen etwas Zeit, um ihr volles Aroma zu entfalten. Wartet also nach dem Würzen etwas ab, bevor ihr erneut probiert.

Mmmh … SO SCHMECKT'S JEDES MAL ANDERS

Verfeinert unsere Soßen auf Mehlschwitzebasis noch mit
- ✓ Crème fraîche oder einer veganen Alternative, z. B. „Creme VEGA" von Dr. Oetker
- ✓ Sahne oder einer veganen Alternative, z. B. „Cooking" von Alpro
- ✓ geriebenem Käse, z. B. Parmesan
- ✓ frisch geriebener Muskatnuss
- ✓ einem Spritzer Zitrone
- ✓ einem Schuss Weißwein
- ✓ frischen, TK- oder getrockneten Kräutern

Verfeinert unsere Gemüse- oder Tomatensoßen mit
- ✓ Rotwein, Olivenöl, Sahne oder Balsamicoessig
- ✓ Ajvar oder Pesto
- ✓ Kräutern

Fotos: Archiv (2); Adobe Stock/New Africa (1); gettyimages/onurdongel (1)/Weedezign (1)/masa44 (1)

5 Tipps FÜR DIE PERFEKTE KONSISTENZ

1. Zu dünnflüssig? Wählt zum nachträglichen Andicken eurer hellen und dunklen Soßen Weizenmehl, Stärke oder alternativ auch Soßenbinder.

2. Die Menge macht's! Verwendet ihr zu viel Bindemittel, wird die Soße zu dick und verliert an Geschmack. Beachtet dabei die unterschiedliche Bindefähigkeit der Mittel. Während ihr von der Stärke nur ca. 1 TL benötigt, könnt ihr bei Weizenmehl und Soßenbinder etwa die doppelte Menge verwenden.

3. Klümpchenfrei: Rührt euer Bindemittel in einem kleinen Gefäß mit etwas Wasser oder 2–3 EL eurer Soße glatt, bevor ihr es zur Soße gebt, so vermeidet ihr Klümpchenbildung. Dies ist besonders relevant für stückige Soßen wie z. B. Pilzrahmsoße, die ihr mit einer niedrigen Stufe gart.

4. Habt Geduld! Mehl, Stärke sowie Soßenbinder benötigen Hitze, um ihre volle Wirkung zu entfalten und zu binden. Erwärmt die Soße daher erneut **Stufe 3 | 90 °C**, bzw. ↺ **| Stufe 1** bei Soßen mit Einlage. Während mit Stärke und Soßenbinder angedickte Soßen nur kurz aufkochen müssen, um dickflüssiger zu werden, müsst ihr bei Mehl meist etwas länger warten.

5. Zu dickflüssig? Verdünnt eure Soße mit Brühe, Wein, Milch oder Wasser, bis sie schön sämig ist.

SPONTANE LUST AUF SOSSE?

UNSERE LIEBLINGSBASICS, DIE IHR LANGE LAGERN KÖNNT, UM UNSERE REZEPTE ZUZUBEREITEN:

- BALSAMICOESSIG
- GEWÜRZPASTE
- HALTBARE SAHNE
- MEHL
- PARMESAN
- PASSIERTE/STÜCKIGE TOMATEN AUS TETRAPAK ODER KONSERVE
- PESTO-EISWÜRFEL (SIEHE SEITE 23)
- SCHMELZKÄSE
- SOSSENBINDER
- STÄRKE
- TOMATENMARK
- WEISS- UND ROTWEIN

Hausgemacht:

Bienenstich

Softer Boden, seidige Vanillecreme und glänzendes Mandeltopping – so gelingt euch der Klassiker Schritt für Schritt wie vom Konditor

Rezept: Henrieke Wölfl & Elisa Schilling | **Fotos & Styling:** Frauke Antholz, Anna Gieseler

Mit dem Monsieur ganz einfach!

Bienenstich

01 | 30 std : min

PRO PORTION: 383 KCAL | 7 G E | 24 G F | 36 G KH

ZZGL. 2 STD. RUHEZEIT

ZUTATEN FÜR 12 STÜCKE

- **20 g Hefe**
- **140 g Zucker**
- **350 g Milch**
- **250 g Weizenmehl Type 405**
- **150 g weiche Butter zzgl. etwas mehr zum Fetten**
- **40 g Vanillepuddingpulver**
- **300 g Sahne**
- **65 g flüssiger Honig**
- **100 g Mandelblättchen**
- **1 Pck. Sahnesteif**

AUSSERDEM
- **Springform (Ø 24 cm)**
- **Deko-Bienen nach Belieben**

1 Hefe, 50 g Zucker sowie 150 g Milch in den geben und **4 Min. | Stufe 2 | 37°C** erwärmen. Dann Mehl und 75 g Butter hinzufügen und alles **2 Min.** | verkneten. Den Teig umfüllen, abdecken und 45 Min. an einem warmen Ort gehen lassen. Den spülen.

2 200 g Milch, 75 g Zucker sowie Puddingpulver in den geben und **10 Sek. | Stufe 6** vermengen. Dann **14 Min. | Stufe 3 | 95°C** köcheln lassen. Den Pudding umfüllen und mit Frischhaltefolie auf der Oberfläche abgedeckt auskühlen lassen. Den spülen.

3 Backofen auf 180 °C Ober-/Unterhitze vorheizen. Den Boden der Springform mit Backpapier belegen und den Rand fetten. Teig auf dem Boden der Form flach drücken und 15 Min. ruhen lassen. Inzwischen 75 g Sahne, Honig, übrige Butter sowie restlichen Zucker in den geben und **4 Min. | Stufe 2 | 100°C** köcheln lassen. Mandeln hinzufügen und alles **10 Sek.** | | **Stufe 3** vermengen. Mandelmischung auf den Teig streichen. Den spülen.

4 Kuchen in 30–35 Min. goldgelb backen, dann aus dem Ofen nehmen und in der Form auskühlen lassen. Anschließend aus der Form lösen und waagerecht halbieren. Den oberen Boden abnehmen und in 12 Stücke schneiden.

5 Rühraufsatz in den einsetzen. Übrige Sahne mit Sahnesteif in den geben und ohne Zeiteinstellung **Stufe 4** unter Sichtkontakt steif schlagen. Rühraufsatz entnehmen, Pudding mit dem unter die Sahne heben. Creme auf dem unteren Boden verstreichen, Kuchen 1 Std. kalt stellen. Die 12 Kuchenstücke auf die Creme setzen, evtl. mit Deko-Bienen garnieren und den Bienenstich servieren.

RATGEBER

EASY BAKING

Lest hier unsere wertvollsten Tipps zur Zubereitung des beliebten Kuchenklassikers

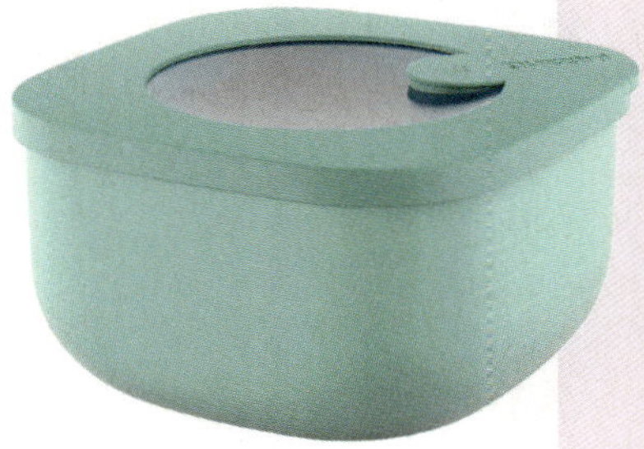

GELINGSICHER IM MIXTOPF

Mit dem Monsieur habt ihr einen echten Konditor in der Backstube. Er erwärmt die Hefe, knetet den Hefeteig für den luftigen Boden, rührt eine seidige Puddingcreme an und temperiert die Zucker-Mandel-Masse für das Glanztopping absolut präzise, sodass nichts anbrennt. So gelingen alle Schichten des Klassikers ganz leicht und zuverlässig. Eure Gäste werden staunen!

GUT VORBEREITET

1. **HEFETEIG BACKEN**
   Den luftigen Boden könnt ihr bereits am Vortag backen.
2. **PUDDING KOCHEN**
   Kocht den Pudding gern auch am Vortag und lasst ihn schon auskühlen.
3. **KNUSPERDECKEL**
   Die Knusperschicht bis zu 1 Tag vor dem Servieren auf den Deckel geben.
4. **SAHNE SCHLAGEN**
   Kurz vorm Servieren!

DIE FÜLLUNG MACHT'S

Pudding, Sahnecreme, Buttercreme oder Paradiescreme? Die Varianten sind zahlreich. Wir vermischen in unserem Rezept Pudding mit Schlagsahne, da diese Variante besonders schnell und einfach zubereitet ist. Wer für die Füllung stattdessen lieber Buttercreme oder Paradiescreme verwenden möchte, der findet unsere einfachen Grundrezepte für den Monsieur Cuisine unter www.zaubermix.de

WIE GELINGT DAS EINFRIEREN?

Friert am besten immer nur einzelne Stücke ein oder trennt sie mit Backpapier. Denn so könnt ihr sie später einzeln auftauen. Gebt den Kuchen in eine Gefrierdose, dann wird er nicht zerdrückt. Achtet darauf, möglichst wenig Luft einzuschließen, um Gefrierbrand zu vermeiden. Wir verwenden gern die praktischen stapelbaren Dosen mit „Entlüftungsklappe". Die kleinste Größe S gibt's für 6,95 Euro unter www.zaubertopf-shop.de

Im Gefrierschrank ist der Kuchen bis zu 4 Monate haltbar. Taut die Stücke über Nacht im Kühlschrank auf und nehmt sie dafür aus der Dose heraus, so entsteht kein Kondenswasser.

GELINGT DIESER BIENENSTICH AUCH VOM BLECH?

Unser Rezept für eine Springform könnt ihr auch als Blechkuchen zubereiten. Dafür braucht ihr die zweifache Menge. Konkret heißt das: 40 g Hefe, 280 g Zucker, 700 g Milch, 500 g Mehl, 300 g Butter, 80 g Vanillepuddingpulver, 600 g Sahne, 130 g Honig, 200 g Mandelblättchen und 2 Pck. Sahnesteif. **In Schritt 1** 100 g Zucker, 300 g Milch und 150 g Butter verarbeiten. **In Schritt 2** 400 g Milch, 150 g Zucker verarbeiten. **In Schritt 3** 150 g Sahne, 150 g Butter und 30 g Zucker verarbeiten.

VEGAN BACKEN

STATT MILCH
SOJADRINK

STATT BUTTER
MARGARINE, Z. B. VON ALSAN

STATT PUDDING
PUDDINGPULVER, Z. B. VON BIOVEGAN

STATT SAHNE
SOJASAHNE, Z. B. VON SOYATOO!

STATT HONIG
AHORNSIRUP

Fotos: Alexandra Panella (1); gettyimages.de/iStock/Getty Imgess Plus/Magone (1); Archiv (1)

COMMUNITY

Eure Post

Zauberhafte Momente
aus euren Küchen

Redakteurin Svenja Rudolf freut sich über all eure schönen Fotos, die vielen Fragen und lieben Nachrichten! Schreibt ihr an redaktion@zaubermix.de

Was backt ihr?

Unser Carrot Cake aus der **monsieur cuisine by ZauberMix** Ausgabe 2/23 kam richtig gut bei euch an. Viele von euch haben die Leckerei nachgebacken und ihre Ergebnisse mit Fotos auf **ZauberMix.de** geteilt. Das beste am Carrot Cake ist: Der Monsieur übernimmt das mühsame Raspeln der Karotten!

Mitglied Skippy freut sich: *„Der Kuchen kam super an und war wirklich sehr lecker und schnell zubereitet."*

SanniOh hat es geschmeckt: *„So ein saftiger Boden! Durch das Frosting bekommt der Kuchen viel Frische."*

Habt ihr auch schon mal ein Rezept von uns nachgekocht? Schickt uns eure Fotos an redaktion@zaubertopf.de oder ladet sie direkt auf www.zaubermix.de zum Rezept hoch!

DIE ZAUBERMIX-COMMUNITY KOCHT!

Unser Rezept für Brokkoli-Blumenkohl-Curry begeistert unsere Community. Danke für so viele Kommentare und Fotos, eurer Kocherlebnisse! Wer das einfache 30-Minuten-Rezept ausprobieren möchte, findet es im **monsieur cuisine by ZauberMix** SPEZIAL „Abnehmen" 1/23 oder auf **ZauberMix.de**

ZauberMix Mitglied Monika ist begeistert: *„Super für Berufstätige!"*

Monsieur-Fan Jochen kommentierte begeistert: *„richtig, richtig lecker!"*

Christina schmeckte das Curry. Sie empfiehlt dazu eine Portion Reis.

Sibilles Fazit: *„Das Hähnchen ist superzart und das Gemüse perfekt."*

AUS EUREM ALLTAG: KLEINE UND GROSSE MIX-GESCHICKE

Auweia … Einmal nicht aufgepasst, und schon ist es passiert: Der Spatel hat ein paar zu viele Mix-Abenteuer mitgemacht oder der Rühraufsatz wurde im Eifer des Küchengefechts im Mixtopf vergessen. Wir fühlen mit euch! Und irgendwie ist es auch beruhigend zu wissen, dass solche Missgeschicke nicht nur in unserer Küche passieren. Ihr seid unserem Aufruf in der **monsieur cuisine by ZauberMix** Ausgabe 6/22 gefolgt, uns eure versehentlich beschädigten Zubehöre zu zeigen. Unter den Einsendungen haben wir zehn brandneue Silikonspatel verlost, damit die ausgedienten in den Ruhestand gehen können. Wir hoffen, der Ersatz ist ein kleiner Trost!

Fotos: Anna Gieseler (2); Archiv (1); privat (9)

monsieur cuisine by ZauberMix

www.zaubermix.de

Impressum

Verlag
falkemedia GmbH & Co. KG, An der Halle 400 #1, 24143 Kiel
Tel. +49 431 200 766-0, Fax +49 431 20 07 66 50
E-Mail: redaktion@zaubermix.de, www.zaubermix.de

Herausgeber
Kassian Alexander Goukassian (V. i. S. d. P.)

Mitglied der Geschäftsleitung & Ltg. Marketing
Wolfgang Pohl

Chefredakteurin/Teamleitung
Vivien Koitka

Redaktion (redaktion@zaubermix.de)
Dr. Tanja Lindauer, Stefanie Nickel, Svenja Rudolf, Hannah Hold (Elternzeit); Druckmanagement: Nicole Neumann

Rezeptentwicklung
Charlotte Heyn, Lukas Lotzing, Elisa Schilling, Vera Schubert, Henrieke Wölfl

Art-Direktion
Marleen Osbahr

Layout und Bildbearbeitung
Doro Padilla, Nele Witt, Kathrin Knoll (Bildbearbeitung), Lisza Clausen (Elternzeit)

Lektorat
Gabi Hagedorn

Fotografen dieser Ausgabe
Tina Bumann, Anna Gieseler, Kathrin Knoll, Ira Leoni, Désirée Peikert

Abonnementbetreuung
abo@zaubertopf.de
Tel. +49 711 72 52 293
mein ZauberTopf Abo-Service, Postfach 810640, 70523 Stuttgart

Mediaberatung
Silja Aicher (kontakt@aichermediakontor.de)
Aicher Mediakontor, Tel. +49 40 87 07 44 41

Martin Wetzel (Martin.Wetzel@brmedien.de)
Tel. +49 2241 17 74 14, Fax +49 2241 17 74 20

Sascha Eilers (s.eilers@falkemedia.de), Tel. +49 4340 49 93 79, Mobil: +49 151 53 83 44 12, Fax +49 4340 49 93 91

Anzeigenkoordination
Dörte Schröder (d.schroeder@falkemedia.de)
Tel. +49 431 20 07 66 12

Anzeigenpreise:
Siehe Mediadaten 2023 unter www.zaubertopf.de

Produktionsmanagement/Druck
Stark Druck GmbH & Co. KG, www.stark-gruppe.de

Vertrieb
DMV Der Medienvertrieb GmbH & Co. KG
Meßberg 1, 20086 Hamburg

Vertriebsleitung
Hans Wies, DMV Der Medienvertrieb GmbH & Co. KG (Hans.Wies@dermedienvertrieb.de)

Bezugsmöglichkeiten
Abo, Zeitschriften- und Buchhandel, Bahnhöfe, Flughäfen

Einzelpreis: 5,50 Euro (reguläres Heft), 9,99 Euro (Spezial)
Jahresabonnement: 48,90 Euro. Europäisches Ausland zzgl. 0,90 Euro je Ausgabe. In den Preisen sind Mehrwertsteuer und Zustellung enthalten. Bezogen auf 6 reguläre und 2 Spezial-Ausgaben zzgl. E-Paper p. a. Der Verlag behält sich die Veränderung der Erscheinungsfrequenz vor.

Manuskripteinsendung
Manuskripte jeder Art werden gern entgegengenommen. Sie müssen frei von Rechten Dritter sein. Mit der Einsendung gibt der Verfasser die Zustimmung zum Abdruck des Manuskripts auf Datenträgern der Firma falkemedia. Ein Einsenden garantiert keine Veröffentlichung. Honorare nach Vereinbarung oder unseren AGB. Für unverlangt eingesandte Manuskripte übernimmt der Verlag keine Haftung.

Datenschutz
Jürgen Koch (datenschutzanfrage@falkemedia.de), falkemedia GmbH & Co. KG, Abt. Datenschutz, An der Halle 400 #1, 24143 Kiel

Bei falkemedia erscheinen außerdem die Publikationen mein ZauberTopf, LandGenuss, So is(s)t Italien, NaturApotheke, Mac Life, BEAT, DigitalPHOTO, BÜCHER und My Healthy Life.

© falkemedia, 2023 | www.falkemedia.de | ISSN 2510-392X

falkemedia – Wir begeistern Menschen.

RATESPASS

Während der Monsieur etwas Leckeres für euch kocht, habt ihr Zeit, unser Rätsel zu lösen!

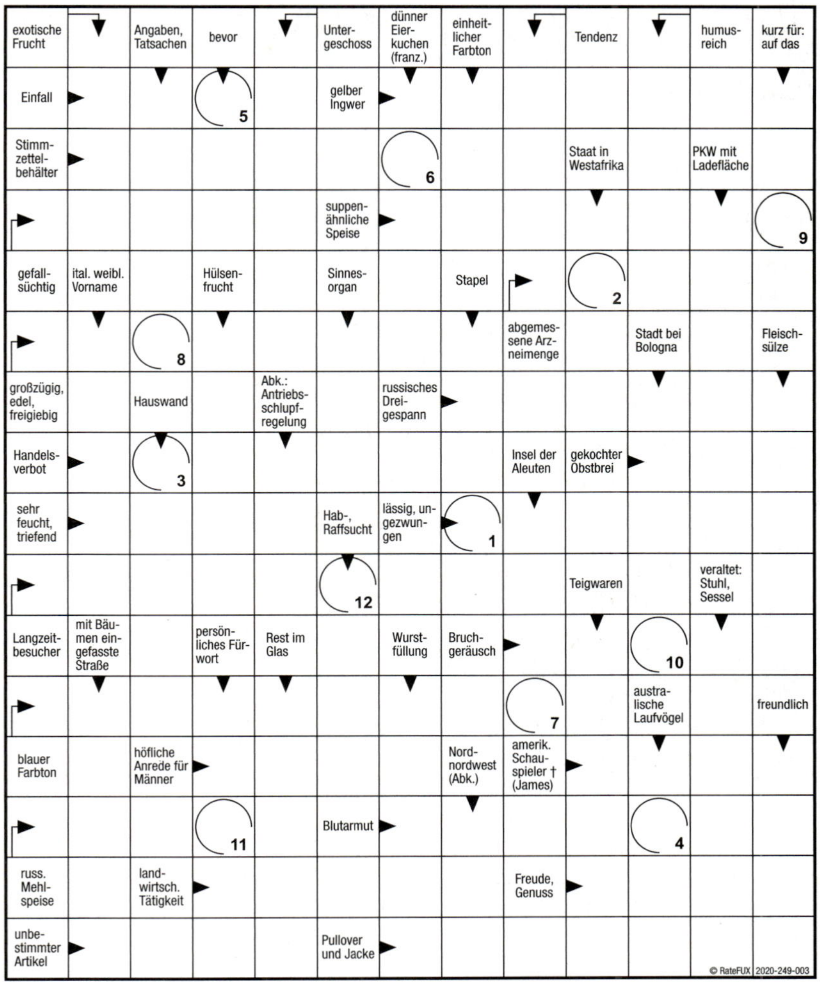

Lösungswort 2/23: RHABARBERZEIT

LÖSUNGSWORT:

1	2	3	4	5	6	7	8	9	10	11	12

3×1 Jahresabo gewinnen!

JETZT MITMACHEN!
Das Lösungswort bis 30. Juni 2023 unter www.zaubermix.de/abo-verlosung eintragen und so am Gewinnspiel teilnehmen.

Hier geht's zur Verlosung

Gelassen in den GRILLABEND

Für einen entspannten Abend mit Freunden braucht's auf dem Grillbüfett viel Abwechslung für jeden Geschmack. Freut euch auf schnell gemixte Dips, Salate, Brote, Soßen und Marinaden

Rezepte: Elisa Schilling | **Fotos & Styling:** Kathrin Knoll & Anna Gieseler

GUT VORBEREITET

Mit dem Monsieur habt ihr den perfekten Helfer an eurer Seite, um alle Extras, die eine Grilltafel zum Schlemmerbüfett machen, fix zuzubereiten. Alle Leckerbissen könnt ihr auch zum Sommerfest mitbringen. Wir sind uns sicher: Die anderen Gäste werden euch nach den Rezepten fragen …

Bifteki-Frikadellen mit Frischkäse

00 30 std : min

LOW CARB LOW FAT

PRO STÜCK: 84 KCAL | 11 G E | 3 G F | 3 G KH

ZZGL. 3 STD. RUHEZEIT

ZUTATEN FÜR 12 STÜCK

- **250 g Rindfleisch, in ca. 3 cm großen Würfeln**
- **250 g Schweinefleisch, in ca. 3 cm großen Würfeln**
- **Blättchen von 5 Stielen Petersilie**
- **2 Knoblauchzehen**
- **1 Ei**
- **5 EL Paniermehl**
- **1 TL Salz**
- **3 Prisen frisch gemahlener schwarzer Pfeffer**
- **100 g Kräuterfrischkäse**

1 | Das Fleisch in einen Silikon- oder Gefrierbeutel geben, flach in den Gefrierschrank legen und etwa 3 Std. anfrieren lassen.

2 | 250 g Fleischwürfel in den geben, **15 Sek. | Stufe 8** zerkleinern, umfüllen. Das restliche Fleisch in den geben, ebenfalls **15 Sek.| Stufe 8** zerkleinern und umfüllen. Petersilie und Knoblauch im **6 Sek. | Stufe 8** zerkleinern. Das umgefüllte Hackfleisch, Ei, Paniermehl, Salz sowie Pfeffer hinzufügen, alles **20 Sek. | Stufe 4** vermengen.

3 | Aus der Hackmasse portionsweise 12 handtellergroße Scheiben formen, je 1 EL Frischkäse hineingeben und zu einer Frikadelle verschließen. Die Frikadellen bei ständigem Wenden 5–7 Min. grillen. Nach Belieben servieren.

Griechische Halloumi-Salat-Platte

00 30 std : min

LOW CARB LOW FAT

PRO PORTION: 328 KCAL | 17 G E | 25 G F | 8 G KH

ZUTATEN FÜR 4 PERSONEN

FÜR DAS DRESSING

- **2 Knoblauchzehen**
- **200 g Sahnejoghurt**
- **20 g natives Olivenöl extra**
- **Saft von ½ Zitrone**
- **1 TL Honig**
- **½ TL getrockneter Oregano**
- **½ TL Salz**
- **3 Prisen frisch gemahlener schwarzer Pfeffer**

FÜR DEN SALAT

- **200 g Halloumi, in Scheiben**
- **100 g Rucola**
- **250 g Cocktailtomaten, halbiert**
- **1 Gurke, in Stücken**
- **1 rote Zwiebel, in Ringen**

1 | Knoblauch in den geben und **5 Sek. | Stufe 8** zerkleinern. Mit dem nach unten schieben. Die restlichen Zutaten für das Dressing zufügen und alles **20 Sek. | Stufe 4** verrühren. Das Dressing umfüllen und bis zur Verwendung kalt stellen.

2 | Den Halloumi auf dem Grill von allen Seiten anbraten. Rucola, Tomaten, Gurke und Zwiebel auf einer Servierplatte anrichten. Den gegrillten Halloumi daraufgeben und mit dem Dressing beträufelt servieren.

Wir lieben Halloumi!

Den halbfesten Käse gibt es aus Kuh-, Schafs- oder Ziegenmilch. Er eignet sich hervorragend zum Grillen, weswegen er auch als „Grillkäse" gehandelt wird. Dafür könnt ihr ihn vorher marinieren wie Fleisch. Alternativ könnt ihr den Käse auch in der Pfanne braten oder im Ofen backen. So zubereitet schmeckt er – wie bei uns auf dem Salat – auch als Ersatz fürs Patty auf dem Burger, im Döner, in Wraps, auf dem Sandwich oder in der Bowl mit Reis und Gemüse.

Foto: Getty Images/iStock/Azure-Drago (1)

Superweiches Buttermilchbaguette

00 35 std : min

LOW CARB LOW FAT

PRO SCHEIBE: 95 KCAL | 3 G E | 0 G F | 20 G KH

ZZGL. 1 STD. 15 MIN. RUHEZEIT

ZUTATEN FÜR 2 BROTE À 12 SCHEIBEN

- 150 g Wasser
- 20 g frische Hefe
- 1 TL Zucker
- 600 g Weizenmehl Type 405 zzgl. etwas mehr zum Bearbeiten
- 250 g Buttermilch
- 1 TL Salz

1 | Wasser, Hefe sowie Zucker in den geben und **2 Min. | Stufe 2 | 37 °C** erhitzen. Restliche Zutaten hinzufügen und in **2 Min.** | zu einem Teig verarbeiten. Den Teig umfüllen, mit einem Küchentuch abdecken und an einem warmen Ort mind. 1 Std. gehen lassen.

2 | Den Teig halbieren, die Teighälften jeweils auf einer bemehlten Arbeitsfläche durchkneten und zu Baguettes formen. Die Teiglinge schräg einschneiden, auf ein Backblech setzen und weitere 15 Min. gehen lassen. Den Backofen auf 220 °C Ober-/Unterhitze vorheizen und die Baguettes im heißen Ofen ca. 20 Min. backen. Nach Belieben servieren.

> **TIPP** Ihr könnt den Teig auch über Nacht im Kühlschrank gehen lassen. Durch die niedrigere Temperatur arbeitet die Hefe langsamer und bleibt länger aktiv.

Low-Fat-Zaziki mit Quark

00 10 std : min

LOW CARB LOW FAT

PRO PORTION: 84 KCAL | 11 G E | 1 G F | 5 G KH

ZZGL. 15 MIN. RUHEZEIT

ZUTATEN FÜR 4 PERSONEN

- 1 Gurke, entkernt und in Stücken
- Salz
- 2 Knoblauchzehen
- 300 g Quark
- 100 g Joghurt
- Saft von 1 Zitrone
- 2 Prisen frisch gemahlener schwarzer Pfeffer
- 1 Prise Zucker

1 | Gurke mit 1 Prise Salz in den geben und **5 Sek. | Stufe 5** zerkleinern. In den Kocheinsatz umfüllen und mind. 15 Min. abtropfen lassen.

2 | Den Knoblauch in den geben und **4 Sek. | Stufe 8** zerkleinern. Mit dem nach unten schieben. Gurke ausdrücken, mit den restlichen Zutaten und 1 TL Salz hinzufügen. Alles **20 Sek.** | | **Stufe 3** verrühren. Zaziki in eine Schüssel umfüllen und bis zum Servieren kalt stellen.

FIX

Schnell gemixt für die üppige Tafel

Mango-Curry-Grillsoße

00 | 10 std : min

LOW CARB LOW FAT

PRO PORTION (30 G): 56 KCAL | 1 G E | 5 G F | 2 G KH

ZUTATEN FÜR 2 GLÄSER À 200 ML

- **200 g Schmand**
- **100 g Joghurt**
- **½ Mango, gewürfelt**
- **2 TL Currypulver**
- **½ TL Salz**
- **3 Prisen frisch gemahlener schwarzer Pfeffer**

Alle Zutaten in den [Mixtopf] geben und **30 Sek. | Stufe 8** pürieren. Die Mango-Curry-Soße in die Gläser füllen und bis zum Servieren kalt stellen.

>**HALTBARKEIT** Die Grillsoße hält sich gut gekühlt 3–4 Tage.

>**PASST ZU** Hähnchen, Pute, Fisch und Meeresfrüchten vom Grill sowie zu Gemüse.

Grillpaprikasoße

00 | 10 std : min

LOW CARB LOW FAT

PRO PORTION (30 G): 49 KCAL | 1 G E | 5 G F | 1 G KH

ZUTATEN FÜR 2 FLASCHEN À 200 ML

- **200 g Schmand**
- **100 g Joghurt**
- **100 g gegrillte Paprikaschoten (Glas), in Stücken**
- **2 EL Ajvar**
- **½ TL Salz**
- **2 Prisen frisch gemahlener schwarzer Pfeffer**

Alle Zutaten in den [Mixtopf] geben und **30 Sek. | Stufe 8** pürieren. Die Grillpaprikasoße in die Flaschen füllen und nach Belieben servieren.

>**HALTBARKEIT** Die Grillsoße hält sich gut gekühlt 3–4 Tage.

>**PASST ZU** Rind- und Schweinefleisch sowie zu Wurst. Auch mit Grillkartoffeln harmoniert sie sehr gut.

Hähnchenspieße „India"

00 35 std : min

LOW CARB LOW FAT

PRO PORTION: 90 KCAL | 12 G E | 4 G F | 2 G KH

ZZGL. 1 STD. RUHEZEIT

ZUTATEN FÜR 10 STÜCK

- **2 Knoblauchzehen**
- **1 cm Ingwer**
- **70 g Joghurt**
- **3 EL natives Olivenöl extra**
- **Saft von 1 Limette**
- **2 TL Honig**
- **1 TL Salz**
- **1 TL Garam Masala**
- **1 TL Chilipulver**
- **1 TL Kurkumapulver**
- **500 g Hähnchenbrustfilet, in Streifen**

AUSSERDEM

- **Gefrierbeutel**
- **10 Holzspieße**

1 | Knoblauch und Ingwer in den [Mixtopf] geben und **5 Sek. | Stufe 8** zerkleinern. Mit dem [Spatel] nach unten schieben. Die restlichen Zutaten bis auf das Fleisch hinzufügen und alles **20 Sek. | Stufe 3** verrühren. Fleisch mit Marinade in einen Gefrierbeutel geben, gut vermengen und 1 Std. im Kühlschrank ziehen lassen.

2 | Das Fleisch auf die Holzspieße stecken. Inzwischen den Grill vorheizen. Die Hähnchenstreifen bei indirekter Hitze unter mehrmaligem Wenden 10–15 Min. grillen, dann servieren.

>TIPP Garam Masala ist eine leicht scharfe Gewürzmischung, die Gerichten sowohl eine pikante als auch eine mild-süße, typisch indische Note verleiht. Ihr könnt die Mischung z. B. zum Würzen von Currys verwenden oder Hähnchen und Fisch im Dampfgaraufsatz damit bestreuen.

Schinken-Käse-Schnecken

LOW CARB LOW FAT

00 45 std : min

PRO PORTION: 602 KCAL | 20 G E | 29 G F | 65 G KH

ZZGL. 75 MIN. RUHEZEIT

ZUTATEN FÜR 6 PERSONEN

FÜR DEN TEIG
- **250 g Wasser**
- **50 g Butter, in Stücken, zzgl. etwas mehr zum Fetten**
- **20 g Hefe**
- **Salz**
- **20 g natives Olivenöl extra**
- **500 g Weizenmehl Type 405 zzgl. etwas mehr zum Bearbeiten**

FÜR DIE FÜLLUNG
- **150 g Cheddar, in Stücken**
- **150 g Schmand**
- **2 Prisen frisch gemahlener schwarzer Pfeffer**
- **100 g Kochschinken, in Scheiben**
- **1 Eigelb**

AUSSERDEM
- **Springform (Ø ca. 26 cm)**

1 | Wasser, Butter, Hefe sowie 1 TL Salz in den geben und **3 Min. | Stufe 2 | 37°C** erwärmen. Öl und Mehl hinzufügen und alles **2 Min. |** zu einem Teig verarbeiten. Den Teig umfüllen und an einem warmen Ort abgedeckt ca. 45 Min. gehen lassen. Den spülen.

2 | Käse in den geben, **7 Sek. | Stufe 8** zerkleinern. Schmand mit je 2 Prisen Salz und Pfeffer verrühren.

3 | Den Boden einer Springform mit Backpapier auslegen, den Rand mit etwas Butter fetten. Teig auf einer bemehlten Arbeitsfläche zu einem Rechteck ausrollen (ca. 70 × 25 cm) und in 16 Streifen schneiden.

4 | Mit Schmand bestreichen, mit Schinken belegen und 2/3 des geriebenen Käses darüber streuen. Anschließend zu Schnecken aufrollen, nebeneinander in die Springform setzen und weitere 30 Min. gehen lassen.

5 | Den Backofen auf 180°C Ober-/Unterhitze vorheizen. Das Eigelb verquirlen, die Schnecken damit bestreichen und mit dem restlichen Käse bestreuen. Im heißen Ofen 30–35 Min. backen. Herausnehmen, etwas abkühlen lassen und servieren.

> **TIPP** Die Hefeschnecken sind eine beliebte Beilage. Erfahrungsgemäß werden sie oft schon gegessen, ehe das Grillgut fertig ist. Sie eignen sich auch sehr gut zum Mitbringen!

DIESES REZEPT IST AB SOFORT ALS **GUIDED COOKING REZEPT** VERFÜGBAR!

Dattel-Schinken-Butter

00 | 20
std : min

LOW CARB · LOW FAT

PRO PORTION (30 G): 171 KCAL | 1 G E | 17 G F | 4 G KH

ZUTATEN FÜR 350 G

- ★ **60 g Schinkenwürfel**
- ★ **60 g Soft-Datteln, entsteint**
- ★ **250 g Butter, in Stücken**
- ★ **1 Prise Salz**
- ★ **1 Prise frisch gemahlener schwarzer Pfeffer**

1 | Schinkenwürfel ohne Zugabe von Fett in einer Pfanne einige Minuten knusprig anbraten. Auf Küchenpapier geben und abkühlen lassen.

2 | Datteln in den [Mixtopf] geben und **5 Sek. | Stufe 8** zerkleinern. Mit dem [Spatel] nach unten schieben und den Vorgang wiederholen. Schinkenwürfel sowie die restlichen Zutaten dazugeben und alles **30 Sek. | [Linkslauf] | Stufe 3** vermischen. Die Butter in eine Schüssel umfüllen und bis zum Servieren kalt stellen.

> **TIPP** Im Kühlschrank gelagert hält sich die Dattel-Schinken-Butter bis zu 3 Tage.

Paprikasalat „Tricolore"

00 | 15 std : min

LOW CARB LOW FAT

PRO PORTION: 178 KCAL | 6 G E | 13 G F | 10 G KH

ZUTATEN FÜR 6 PERSONEN

- **2 rote Zwiebeln, halbiert**
- **6 Paprikaschoten, in Stücken (2 rote, 2 gelbe, 2 grüne)**
- **4 EL natives Olivenöl extra**
- **2 EL Essig**
- **2 TL mittelscharfer Senf**
- **2 TL Zucker**
- **1 TL Salz**
- **3 Prisen frisch gemahlener schwarzer Pfeffer**
- **150 g Feta, zerbröckelt**

Die Zwiebeln in den geben und **5 Sek. | Stufe 7** zerkleinern. Mit dem nach unten schieben. Restliche Zutaten bis auf Feta zufügen, alles **4 Sek. | Stufe 5** mixen. In eine Schüssel umfüllen und mit Feta garniert servieren.

>**TIPP** Kauft zwei Dreierpacks Paprika und verarbeitet sie komplett. Günstig und lecker!

Mini-Naan vom Grill

00 | 25 std : min

LOW CARB LOW FAT

PRO STÜCK: 189 KCAL | 6 G E | 3 G F | 34 G KH

ZZGL. 1 STD. RUHEZEIT

ZUTATEN FÜR 12 STÜCK

- **150 g Milch**
- **20 g frische Hefe**
- **1 TL Zucker**
- **500 g Weizenmehl Type 405 zzgl. etwas mehr zum Bearbeiten**
- **150 g Joghurt**
- **1 Ei**
- **2 EL natives Olivenöl extra**
- **1 TL Salz**

1 Milch, Hefe sowie Zucker in den geben und **2 Min. | Stufe 2 | 37°C** erwärmen. Restliche Zutaten zugeben und in **2 Min. |** zu einem Teig verarbeiten. Den Teig umfüllen, mit einem Küchentuch abdecken und an einem warmen Ort 1 Std. gehen lassen.

2 Anschließend den Teig auf einer bemehlten Arbeitsfläche kurz durchkneten und in 12 gleich große Portionen teilen. Teiglinge zu Fladen ausrollen und auf dem Grill von beiden Seiten backen. Nach Belieben servieren.

Limonadensirup „Himbeer-Rhabarber“

00 30 std : min

LOW CARB LOW FAT

PRO PORTION SIRUP (2 CL): 27 KCAL | 0 G E | 0 G F | 6 G KH
PRO GLAS LIMO (250 ML): 37 KCAL | 0 G E | 0 G F | 9 G KH
ZUTATEN FÜR 1 FLASCHE SIRUP À 750 ML

FÜR DEN SIRUP
- **500 g Rhabarber, in Stücken**
- **300 g Himbeeren (TK)**
- **400 g Zucker**
- **250 g Wasser**

FÜR DIE LIMONADE
- **125 g frische Himbeeren**
- **20 g Minze**
- **nach Belieben Eiswürfel**
- **1200 ml Mineralwasser mit Kohlensäure**

1 Rhabarber, Himbeeren, Zucker und Wasser in den geben und **20 Min. | Stufe 1 | 90°C** kochen.

2 Die Masse durch ein feines Sieb streichen und den Sirup noch heiß in die sterile Flasche füllen. Vollständig auskühlen lassen.

3 **Für 6 Gläser Himbeer-Rhabarber-Limo** je 2 cl Sirup in die Gläser geben. Himbeeren, Minze sowie nach Belieben Eiswürfel hinzufügen und mit je 200 ml Mineralwasser auffüllen. Dann servieren.

>**HALTBARKEIT** Den Limonadensirup im Kühlschrank aufbewahren und innerhalb von etwa 4 Wochen verbrauchen.

>**CHEERS!** Füllt den Sirup mit Prosecco auf und stoßt auf den schönen Abend an.

>**ZERO WASTE** Aus den Resten im Sieb könnt ihr eine Konfitüre zaubern. Dafür die Masse aus dem Sieb in den sauberen geben und mit Gelierzucker 2 : 1, 2 EL Zitronensaft und dem Mark von 1 Vanilleschote **15 Min. | | Stufe 2 | 100°C** aufkochen lassen, dabei den Kocheinsatz als Spritzschutz aufsetzen. Nach der Gelierprobe direkt in sterile Gläser umfüllen und diese gut verschließen.

Fotos: Trebonn (1); Kuppels (2); Römertopf (2); GEFU (1); Peugeot-Saveurs (1)

SERVICE

GRILLABEND

Praktisches für die Vorbereitung
und schöne Stunden auf der Terrasse

ESSEN IST FERTIG!

Mit dem großen Tablett „PILE" von Trebonn aus leichtem, robustem Melamin und weiten Griffaussparungen serviert ihr euren Gästen selbst gemachte Getränke, Dips und Grillgut besonders bequem. Clever: Wer mehrere Exemplare der Serie hat, kann sie stapeln! Erhältlich in zwei Größen und sechs Farben. Ab ca. 30 Euro, www.jaehn.org

PERFEKTE PORTIONEN

Burger und Bratlinge lassen sich mit der Profi Hamburgerpresse „Pätti" gleichmäßig portionieren. Anhand der Gramm-Skala im Inneren messt ihr die genaue Höhe der Patties ab und stecht identische Formen aus. Der größte Vorzug: Alle Patties werden zeitgleich gar. Ca. 43 Euro, www.gefu.com

TRENDY FARBFRISCHE

Salbeigrün, Kakao, Himbeerrot oder Currygelb – die Trendfarben zieren jetzt das neue Besteck „Prisma" von Kuppels. Ideal für das fröhliche Grillfest! 24-teiliges Set ca. 66 Euro, www.bestecke.de

AROMABOX

„Brick" nennt sich dieser Römertopf in Backsteinform. Darin könnt ihr Grillgut in etwa 20 Minuten zubereiten. Das ist besonders praktisch für kleine Gemüsestücke, die ansonsten schnell durch den Rost fallen. Er eignet sich aber auch für Fleisch oder Gebäck. Ca. 35 Euro, www.roemertopf.de

WÜRZIGES DUO

Ohne Pfeffer und Salz kein Grillabend. Soviel steht fest. Das klassische Gewürzmühlenset „Tahiti" von Peugeot ist diesen Sommer in neuen Farben erhältlich – uns gefällt das Duo in den sanften Moos- und Minzgrüntönen. Buchenholz, 2er-Set ca. 68 Euro, www.peugeot-saveurs.com

HIER WIRD *gezaubert!*

Im **ZauberMix** Team ist immer etwas los. Hier gibt's einen Blick hinter die Kulissen …

UNGLAUBLICH GUT

Kennt ihr die perfekte Joghurtkruste? Das knusprige Brot begeistert euch und auch uns. Das schöne Exemplar oben rechts backte unser Chef Kassian Goukassian und teilte sein Ergebnis mit uns. Das Rezept findet ihr auf Instagram unter @monsieurcuisinerezepte

Detailverliebt

JEDER HANDGRIFF ZÄHLT

Der Monsieur Cuisine steckt voller smarter Funktionen. Wir von **ZauberMix** wollen euch jeden Handgriff und jedes noch so versteckte Detail so genau wie möglich zeigen. Hier seht ihr, wie Fotografin Anna Gieseler und Rezeptentwickler sowie Produkttester Lukas Lotzing clevere Tricks zum Dampfgaren in Bildern festhalten … Mehr dazu lest ihr in der nächsten Ausgabe!

REZEPTE, DIE BEGEISTERN

Gleich als die frisch gedruckte **monsieur cuisine by ZauberMix** Ausgabe 2/23 bei unserer Kollegin Nicole Neumann eintrudelte, bereitete sie den Ofenlachs „Toskana" mit Gnocchi zu. Ihre Familie war begeistert, das Essen gehört ab jetzt zu den Lieblingsgerichten. Mal schauen, was als Nächstes auf den Tisch kommt!

Die Post ist da!

PAKETE FÜR EUCH

Im großen Warenlager des **mein ZauberTopf** Shops ist jeden Tag Hochbetrieb. Hier warten sowohl Zeitschriften und Bücher als auch Accessoires für den Monsieur Cuisine wie Slider, Kochbücher und Dampfgarzubehör auf eure Bestellung. Dann werden sie aus dem Regal geholt, sicher verpackt und auf den Weg zu euch gebracht.

UMFRAGE

DEINE MEINUNG IST GEFRAGT!

Hast du noch fünf Minuten Zeit? Dann freuen wir uns sehr, wenn du uns mit deiner Teilnahme an unserer Umfrage dabei hilfst, **ZauberMix für monsieur cuisine** noch besser zu machen!

Wir arbeiten jeden Tag daran, unser Magazin, unsere Rezepte und alle Onlineangebote zu optimieren, sodass sie dir Freude bereiten und deinen Alltag wirklich erleichtern und bereichern. Du kannst uns jetzt dabei helfen, **ZauberMix für monsieur cuisine** noch besser zu machen. Nimm dafür an unserer kleinen Umfrage teil und gib uns Feedback. Wie immer werden wir versuchen, alle Wünsche, Anregungen und Kritik schnellstmöglich umzusetzen. Wir, das gesamte Team von **ZauberMix**, sagen Danke!

DIREKT ZUR UMFRAGE

Folge dem Link **www.zaubermix.de/umfrage2023** oder scanne den QR-Code und du wirst direkt zur Umfrage geführt.

VORSCHAU

Die Ausgabe 4/2023 von
monsieur cuisine by ZauberMix
erscheint am **7. Juli 2023**

Tomatenzeit

ERFRISCHEND AROMATISCH UND SCHNELL

In der nächsten Ausgabe kochen wir mit den saftigen Leckerbissen ruck, zuck leichte Sommergerichte, für die ihr nur wenige weitere Zutaten und kaum Zeit braucht. Denn der Monsieur übernimmt!

ABKÜHLUNG, BITTE!

Bei weit über 30 Grad im Schatten brauchen wir vor allem eins: schnelle Erfrischung! Die raffiniertesten Ideen für Blitzeis, Frozen Cocktails und coole Snacks, die fix gemixt sind, um kalt vernascht zu werden, bekommt ihr natürlich bei **ZauberMix**. Kein Ofen, kein Herd, wir sorgen für den eisigen Soforteffekt in unter 15 Minuten!

Greek-Style

URLAUBSKÜCHE

Mmmmh, die machen Lust auf Ferien! Von Spinatkuchen über Hackfleisch-Makkaroni bis hin zu Gyrossuppe und Kartoffel-Feta-Salat: Mit unseren einfachen, aber aromatischen Kreationen entsteht Griechenland-Feeling für zu Hause.

Neue Tricks

ZUM STAUNEN

Diese Mix-Hacks müsst ihr ausprobieren! Uns begeistern sie und daher möchten wir sie mit euch teilen. Wir zeigen unsere Top-Ten-Tricks für effizienteres Kochen mit eurem Monsieur, auf die ihr garantiert nie wieder verzichten wollt.

PIZZA-PARTY

Wir werden sie immer lieben: Pizza! Ganz besonders wenn sie so lässig daherkommt wie unsere knusprigen Kreationen für gesellige Sommertage. Zudem verraten wir euch unsere besten Basisteige mit und auch ohne Hefe für extraschnellen hausgemachten Pizzagenuss.

Fotos: www.stockfood.de/Immediate Media/Good Food (1)/Bernhard Winkelmann (1); Archiv (3); Sandra Leibinger (1) | Die angekündigten Themen können abweichen.